定年後、お金で泣く人笑う人

経済評論家
山崎元
Hajime Yamazaki

マガジンハウス

はじめに

私が今回紹介する物語の主人公、並田駿・はる子夫妻と知り合ったのは、友人の紹介からでした。

「今50代のご夫婦なんだけど、お金の問題について、相談できる人を探しているらしいんだよ。少し話を聞いてもらえない？」

夫妻は私がお金に関する本を書いたり、Ｗｅｂサイトにコラムを載せたりしているのを見てくれていたそうです。営業トークではない「辛口な意見」が欲しいということで、共通の友人を介して話が届いたのでした（一体どんなイメージを持たれていたのでしょうか……）。

ですが、私は基本的には個人の相談を受け付けていません。申し訳ないけれどお断りしようと思ったその時、友人が聞き捨てならない一言を発しました。

「ちなみに、大学の同期に銀行員がいて、その人にも相談すると言っていたよ」

それはマズい……。

なぜマズいのかは追々ご説明するとして、この一言がきっかけで、私は並田夫妻に会ってみることにしました。

彼らが「将来、お金で泣く人」の典型で、ほかならぬ友人の相談でもあったたし、このまま放っておくわけにはいかないと思ったからです。

並田夫妻のように、**「将来、お金で泣くタイプ」の方が世の中には多くいます。**

それはお金に対する考え方や行動に現れるもので、家、日々の消費、休日の過ごし方、保険、教育などさまざまなところで静かに、しかし着々と「差」を生んでゆきます。

この「差」を意識してお金と計画的につき合っていくと、将来「お金で笑う」ことができます。逆に差に無頓着にまん然とお金と付き合うと、かなり高い確率で将来「お金で泣く」ことになります。

つまりこの「差」こそが、定年後の幸福度を大きく左右するのです。

本書では並田夫妻の相談を軸に、まず**「定年後にお金で泣く人」の特徴をあぶり出し、その改善策として「定年後にお金で笑う人」のやり方を示してゆきます**。みなさんが「泣くタイプ」かどうか、診断するテストも12ページにご用意しました。

並田夫妻のように、将来の悩みや経済の不安を抱えている50代は少なくありません。仕事、給与、年金、教育、病気や介護……。それこそ今後は心配ばかりです。

しかし、いたずらに将来を悲観する必要はない、というのが私の持論です。

たとえば寿命が延びたということは、元気で働ける現役時間も延びたということです。働き方の形も大きく変化してきていますし、20年前とは全く違った「新しい定年後」の道も多数あります。

また、貯蓄に利息がつかない時代ではありますが、必要な時に金融資産を動かすことは容易になりました。常にベストな資産構成を選択できるのは、今の時代ならではのメリットではないでしょうか。

本書ではこうした変化も踏まえて、今の時代に見合った解決策をご提示してゆきます。それらのうち**ご自分に合った方法を幾つか実践していくならば、読者が、お金の心配をしない老後を迎える事ができる**のではないかと期待しています。

私自身が、つい最近まで50代でした。現在も、親について、自分について、子供について、さまざまな悩みを抱えています。

そんな私が、いわば「自分事として」解決策を探り、まとめたのが本書です。

皆さんが並田夫妻と一緒に「安心への道」をたどられたら、望外の喜びです。

２０１８年9月吉日

山崎　元

登場人物紹介

並田駿　なみた・はやお

1968年生まれ、都内の大学を卒業後、中堅メーカーに勤務。現在は年収600万円の課長職。同い年のはる子と結婚したのち一男一女に恵まれ、10年前には郊外に一戸建てを購入。ローン残債は1000万円で、現在の貯蓄額は1200万円。ほかに資産はない。娘は大学を卒業して去年就職、息子は高校生で大学進学を考えている。

並田はる子　なみた・はるこ

1968年生まれ、大学卒業後は中堅商社でOLをしていたが、駿と出会い寿退社。子供たちが学校に上がってから、週2でパートに出て家計を助けている。月収8万円、年換算で96万円。駿の扶養に入っている。

目次
CONTENTS

第2章

50代からの「支出の減らし方」

第3章 50代からの「お金の増やし方」

第4章 50代からの「お金の守り方」

診断テスト

「あなたの定年後のお金、大丈夫?」

本書を手に取ってくださった皆さんは、将来のお金に不安をお持ちの方だと思います。

とはいえ大半の方はそうでしょうから、皆さんは「将来のお金に対する意識の高い方」ということかもしれません。

まずはその時点で一歩リードしているとも言えます。

そんな皆さんにまずはひとつテストを受けていただこうと思います。

早速ですが、次の10の項目に「はい」「いいえ」のいずれかで回答してください。

該当するほうに印をつける

①	銀行の無料相談会が気になる	□はい	□いいえ
②	教育費は惜しまない	□はい	□いいえ
③	親の介護は自己資金で賄う	□はい	□いいえ
④	葬式は立派にしたい	□はい	□いいえ
⑤	奨学金には反対	□はい	□いいえ
⑥	医療保険には入っておきたい	□はい	□いいえ
⑦	資産運用は怖い	□はい	□いいえ
⑧	ネット証券に興味がある	□はい	□いいえ
⑨	運用では人づき合いを考えない	□はい	□いいえ
⑩	遺言書は必須だと思う	□はい	□いいえ

〈解答と採点方法〉

以下と同じ回答の場合は1点として、合計点を出してください。

①いいえ　②いいえ　③いいえ　④いいえ　⑤いいえ　⑥いいえ　⑦いいえ　⑧はい　⑨はい　⑩はい

いかがでしたか？　右の採点表の解答は、私が長年の経験から「定年後にお金で笑う人」たちに共通して見られると結論付けた思考法、行動様式です。

つまり右の解答と同じように答える人ほど、将来「お金で笑う」ように、右の解答と違う答えが多い人ほど「お金で泣く」ようになるのです。

大まかな目安ではありますが、私の「診断」は次の通りです。

●**10点**――基本的には正しい考え方をお持ちです。

●**8〜9点**――お金の意識は高い方ですが、まだ危ない部分があります。

●**6〜7点**――このままでは将来、お金のことで悩みを持ちそうです。

●**5点以下**――「重症」レベルです。今すぐお金の意識改革をはかりましょう。

しかし、診断結果がよくなかったからといって、悲観する必要はありません。

この診断はあくまで、「今の考えとやり方を続ければ」そうなるというものだからです。

つまり、今間違っているのであれば、それを正せばいいだけです。


本書ではこのあと第1章で「定年後に必要な本当の金額」を割り出し、第2章で「支出の効果的な減らし方」を、第3章で「お金の安全で効率的な増やし方」をお伝えしてゆきます。

最後の第4章は「お金を守る方法」です。お人好しだったり、ちょい聞き情報に流されやすい方は必読の章です。


それでは早速、本編に入りましょう。

第1章

定年後、本当に必要な金額は幾ら？

☐金融機関が勧めるプランは疑問だらけ

約束の日、並田夫妻は二人で事務所に来てくれました。

事前に聞いていた情報では、駿さんは中堅メーカーの営業社員で、転職経験はないとのこと。奥さんのはる子さんは、結婚まで働いてその後は子育てに専念して、今は長女が大学を卒業して就職し、長男が公立高校に通っているそうです。

二人とも1968年生まれで、今年50歳です。

駿さんは課長で、最近の年収は500万円から600万円の間を行ったり来たりしていると言います。この収入を前提に、どのような運用をすれば経済的な余裕が生まれるのか、私の意見を聞きたいとのことでした。

友人が私のことをどう話したのかは分かりませんが、いささか緊張ぎみの駿さん、はる子さん。挨拶を交わしながら手元を見ると、駿さんが何やらパンフレットを抱えています。

私の視線に気がついたのか、駿さんが資料を開きながら話を切り出しました。

「実はこの前、銀行の無料相談会に行ってみたんです。大学の同期が銀行に勤めていて、参加を勧められまして……。そこで貰ってきた資料がこれなんですが、山崎先生はどれが一番いいと思われますか？」

目の前にあるのは三つのプランでした。

一つ目は**「毎月分配型投資信託」**。運用を続けながら、毎月分配金を受け取ることができるというものです。

二つ目は**「外貨建ての生命保険」**。外国の通貨ですが満期まで持つと元本よりも増えるのが売りです。

三つ目は**「ラップ口座」**。運用と管理を銀行系列の証券会社に〝丸ごとおまかせ〟にできるのが売りで、近頃はＣＭでもこの言葉をよく耳にするようになりました。

パッと見て私は即答しました。

「どのプランも、お勧め度で言うとゼロです。いや、マイナスだと言う方が正確でしょう」

「えっ」

私は笑顔で続けました。

「今日は『辛口な意見』を聞きにきてくださったと聞いています。ですから私も手加減せず、ズバリ言いましょう。全て、アウトです」

「いや、でも、どれか一つくらいは……」

「逆に伺うと、並田さんはどれが一番魅力的だと思いましたか？」

駿さんははる子さんと顔を見合わせて、おずおずと教えてくれました。すでに二人で相談がすんでいたのかもしれません。

「毎月分配型の投資信託（投信）に興味があります。運用を続けながら毎月収入があるなんて、お得じゃありませんか？」

「『毎月分配』なんて耳触りのいい言葉を使っていますが、これはむしろ損な仕組みです。**利益を分配せずにそのまま再投資した方が、投資効率は高くなる**というのが投資のセオリーです。利回りがプラスなら、１１０円から10円の分配金を受け取って、残りの１００円を再投資するより、１１０円のまま再投資した方が効率はいいでしょう？」

「確かに……」

「それに、毎月利益が分配されると、利益を得るたびに税金を納めることになります。一カ月ごとに税金を納めるのと、分配を年一回にしてその時だけ税金を納めるのと、どちらがいいと思いますか？」

「うーん、金額は同じじゃないんですか？」

「**トータルで納める税額が同じだとしても、早く払うか遅く払うかで、運用できる金額と期間が変わります。**だから、毎月税金を納めるより年に一回だけ納めたほうが得なのです」

「ええと……、仮に１００円から年に12円の税金を払うとして、毎月分配型だと半年後には６円払っていることになるから、残りの半年で運用できるのは94円」

「はい」

「でも、１年後に税金を納める形なら、半年後も10カ月後も１００円をフルに運

用できる……そういうことでしょうか？」

「概《おおむ》ねそういうことです。また、分配金を出すことでファンド自体の総資産が目減りするので、運用に回すお金が減ってしまいます。そう考えると、毎月分配型の投信信託というのは、仕組みとして得をしない商品だということがお分かりいただけるのではないでしょうか？」

「じゃあ、どうしてそんな商品が売られているんでしょうか？」

「『お得感』と『安定感』の演出です。投資信託には元本割れするリスクがありますが、毎月分配型にすると、曲がりなりにも毎月収入があるので顧客は安心しやすい。特に高齢者が引っ掛かりやすいのですが、お二人ともまだ若いのにこんなものを良いと思うようでは、先が思いやられます……」

投資信託は元本を保証するものではありません。しかし、それではリスクを怖れる人が買ってくれなくなってしまいます。だから業界では、「分配金」に注意を引き付けて投信を売ろうとします。

また、投資信託の仲介販売者である銀行や証券会社は、大きな手数料収入を得ています。毎月分配型の投信の多くが手数料の高い商品です。**「売り手が儲かる」ものを売るのが経済の大原則**。彼らが勧めてくるプランが、私たちを豊かにしてくれるとは限らないのです。

「つい先日のことですが、２０１８年６月末に金融庁が衝撃的な調査結果を公表しました。それによると**投資信託で資産を運用している個人の実に46％が「損」をしているそう**です」

「46％!?」

「そうです。ほぼ半分です。だからといって投資信託には絶対手を出すなという訳ではありませんが、手を出す前に正しいつき合い方をよく知っておかなければいけません。そのことをわきまえてさえいれば、この46％に入る可能性は相当低くなります。具体的にどうすればいいのかは、また詳しくお話しします」

「（ゴクリ）……。それじゃあ、『外貨建ての生命保険』は、どうしてダメなんでしょうか」

「一言でいえば、これも実質的な手数料が高すぎるからです。調べてみると分かりますが、同じ経済効果を得られるプランをもっと安いコストで作ることができるのです」

「『ラップ口座』はどうなんでしょうか？　プロに運用をお任せできるのは心強いなと思っていたんですが……」

「プロにまかせれば最適な運用をしてもらえるなんて、ただの幻想です。ＣＭに踊らされているだけです。ラップ口座は手数料の設定自体が割高ですし、選ばれているファンドも適切なものではない場合が多いのです」

いきなりのダメ出しの連発に、並田夫妻は呆然とした様子です。

お金で泣く人は……「毎月分配型の投信」に飛びつく
お金で笑う人は……「毎月分配型」は損だと知っている

なぜ、銀行員に相談してはいけないのか？

「どれもダメとなると……紹介してくれた同期に申し訳ないなあ」

「いやいや、ちょっと待ってください。並田さんは誰のために資産運用を考えているんですか？　お友達のためですか？」

「いや、そんなつもりはないんですが、彼は金融のプロだから……」

「おっしゃる通り、金融のプロでしょう。ただその現実は『**自分の銀行に稼がせるプロ**』**であって、『お客さんを稼がせるプロ』ではありません。**今見せていただいたプランはどれも、手数料が高すぎる点について金融庁が注意を喚起している商品ばかりです。そんな商品を勧める人物が、並田さんたちのことを親身に考えているとは思えません」

金融庁は２０１６年9月に『平成27事務年度　金融レポート』を発行しました。この中で、まさに今話に出た「毎月分配型投資信託」「ラップ口座」が槍玉に挙げられ、金融機関が顧客に適切な情報を与えず、不当に手数料がかかる商品を勧めているということに警告がなされています。

並田さんの友人がどんな人であれ、このようなプランを涼しい顔で勧めてくる銀行マンには注意しなければいけません。

「もちろん、その同期の方も人としてはきっといい方なんでしょう。ただ、仕事は仕事。会社の利益を考えない訳がありません。だから銀行員に手放しでお金を任せるのは危険です」

「でも、銀行員はお金に詳しいんでしょう？」

「詳しいです。しかしその詳しいことこそが逆に注意すべき点なのです」

「詳しいことが要注意？」

「私は、**退職金が振り込まれる銀行で、勧められるままに投資信託や株を始めてしまうことはとても危険**だと考えています。

退職金が振り込まれるということは、それまでの給料も振り込まれていたはずです。住宅ローンや積立、定期預金も同じ銀行で行っていると、その顧客のデータが何十年分も蓄積されていきます。

どれくらいの収入があるか。

どのような生活をしていて、どのくらい支出しているか。

どんな運用に興味を持っていそうか。

こうした情報を、銀行はすべて把握しています。その上で彼らは『あなたにぴったり』というオブラートに包んで、会社が利益を上げられるプランを提案してくる訳です」

「たしかに、無料相談会でも私たちの家族構成やライフステージを細かく掴んでいてびっくりしました」

「さすが、長年のお客には親切だなと思ったんですが……」

「**銀行員の親切は、銀行員の立場を考えて冷静に受け止めなければいけません！**それに、人は親切にされると『応えなければいけない』という心理が働きます。『金融のプロ』が並んだ相談会で親切に持ちかけられた『ご提案』に、その場でダメ出しができる人は非常に少ない」

企業の中には、社員のマネーリテラシーを高めるために、金融機関の職員を講師に招いたセミナーを開いたりしているところもありますが、私に言わせれば「狼の目の前にヒツジの群れを連れていく」ようなものです。

彼らは金融商品を売るプロです。こちらが「話半分だぞ」と心しているつもりでも、いつの間にか言葉巧みに説得されてしまうのです。

「そんな、あこぎな人たちには見えなかったけどなぁ……。すごく真面目に説明してくれましたよ」

「真面目な銀行員ほど、会社に貢献したいと思って頑張るものです。彼らだって商売でやっているのだということをお忘れなく」

お金で泣く人は……銀行員のお勧めを鵜呑みにする

お金で笑う人は……金融機関の無料相談会には近寄らない

☐「老後には3000万円必要」はウソ

「金融機関の人間に相談すべきでないというのは分かりましたが……。でも、誰にも相談せずお金の扱い方を考えるなんて、やっぱり無理です！」

「そんなに難しく考えることはありません。一つお聞きしますが、並田さんが資産運用に興味をお持ちになったのは、今のままではいずれお金が足りなくなるかもしれないと不安を感じたからですね？」

「はい。5年後には役職定年で、収入は確実に減ります。一方で、子供にはまだまだお金がかかりそうです。それでも将来、安心して暮らせるように、運用でなんとかうまく増やせないかと思って」

「それでは一つ質問です。並田さんは幾らまで資産を増やせば安心ですか？」

「そこなんです。老後には1億円必要だとか、最低でも3000万円ないと厳しいとか聞くじゃありませんか。本当のところ、いくらあればいいんでしょうか？」

「正解は、『そんな金額はない』です。人によって違うはずなのに、一通りの決まった金額がある訳がない」

「えっ!? ど、どういうことでしょうか??」

「加えて、資産の目標金額を決めるのは少々危険な考え方でもあります。目標資産を達成するために『運用で増やす』と言いますが、**運用とは文字通り『運を用いる』もので、結果は不確定です**。どんなに腕のいいファンドマネジャーでも、百戦百勝で儲けつづけることはできません。結果は将来のマーケット環境次第です」

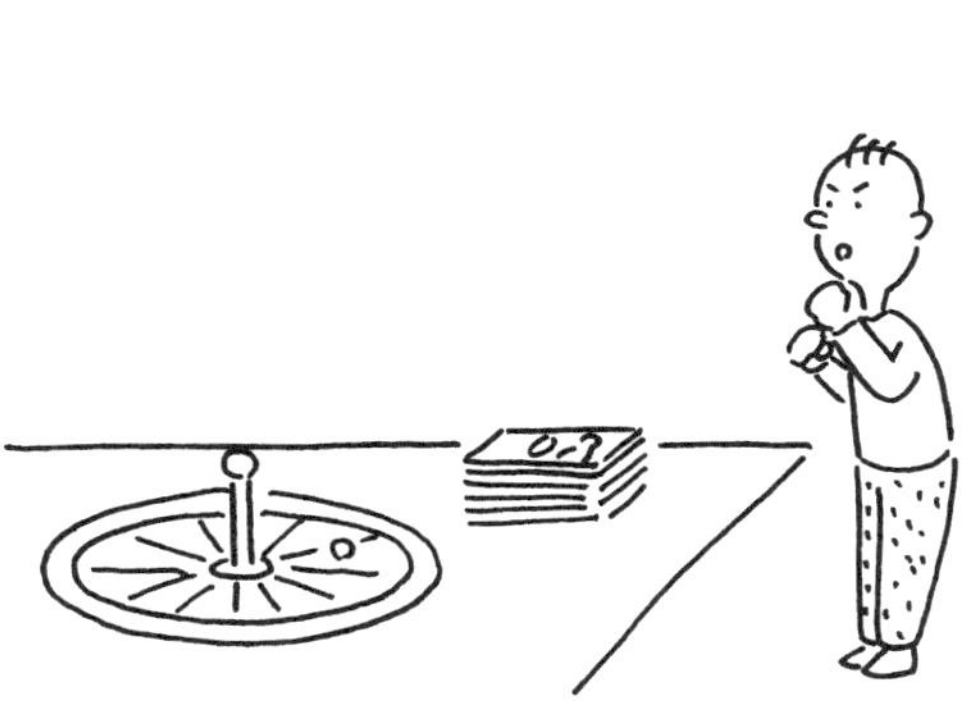

加えて、先に目標利回りを決めてしまうと、運用で肝心なリスクの大きさが不適切になりやすいことが大きな問題です。過大なリスクになったり、過小なリスクになったりといった問題が起こりがちなのです。貯蓄すること自体に目標金額を持つのはいいのですが、利回りの目標を先に決めるのは正しくありません。

「人によって所得も住む場所も違い、生活スタイルも、価値観も違います。それなのに、一律で『老後に３０００万円必要』なんておかしいと思いませんか？」

「ゴルフ好きも散歩好きもいますしね、私なんかはお金のかからないほうだと思います」

「そう、そこが大事です。それに、**生命保険会社や銀行が出す数字というものは、商売用に誇張されている事が多い**。たとえば『老後を豊かに過ごすためには月に約35万円必要』なんてデータを耳にした事はありませんか？」

「あります！　そんなにいるんだ……と焦りました」

「実は、この数字はアンケートによる『希望額』の平均値です。『月35万円』がすべての人に当てはまる訳ではありません。政府の家計調査を見ると、**リタイア後の生活費は50代の7割くらい**になるそうです」

「たしかに、子供たちが独立したら、今ほど生活費はかからないでしょうね。車もどこかのタイミングで処分すれば、税金や維持費がかからなくなる」

「そう考えると、**『３０００万円』などという数字を真に受ける必要はない**という事が分かりますね」

お金で泣く人は……老後の必要額を一般論で考える
お金で笑う人は……老後の必要額を「我が家は」で考える

必要な貯蓄額が分かる「人生設計の基本公式」

「必ずしも3000万円を目指さなくていい事は分かりましたが、そうは言っても、何かしらの目標を決めて計画的に資産を作っていかないと、老後に間に合わないんじゃないですか？」

「あくまでも『自分の数字』にもとづいて、計算した必要貯蓄額を将来に備えて貯めていく事が大事です。今後の収入を今使う分と将来に使う分に振り分けると考えるのが分かりやすいでしょう」

「一般に幾ら必要かじゃなく、自分の収入の中から幾ら残すか、ですね」

「そうです。それから、老後に必要と思われる金額を自分の生活サイズに応じて割り出し、幾ら貯蓄をするべきかを考えていきます。自分の条件に合わせて計算すると、**老後までに用意しなくてはならない金額は金融機関が触れ回っている金額よりずっと大きくなることもありますし、小さくなることもあります。**

自分たちの現実の中から、自分たちがこれからやらなければならない事をはっきりさせていきましょう。まずは日々の生活の中で『残すべき金額』を知ってから、改めて運用や貯蓄の戦略を練りませんか？」

「先生、ぜひそこからご指導お願いします。でも、計算が大変そうだなあ……」

「ご心配なく。電卓やエクセルなどの表計算ソフトがあれば、ものの数分で計算できます。便利な公式があるんです」

私が勧める「人生設計の基本公式」は、収入や資産を考慮したうえで、その人に特化した【必要貯蓄率】を導き出す計算式です。この計算式を使って、ライフプランを考え直すことができます。最終的には、ここで算出した金額をリタイアするまで貯めつづけると、老後資金の目処が立ちます。

「ぜひ、その公式を教えてください！」

「まずは、並田さんの財政状況とライフプランを把握するために、次の６つの数値情報を用意してください」

①現役年数＝リタイアまでに残された年数
②老後年数＝リタイア後、亡くなるまでの推定年数（平均寿命よりも10年くらい余裕をもって想定）
③老後生活費率＝現役時代と比べて、リタイア後の生活水準をどこまで下げるか
④手取り年収＝リタイアまでの平均的な手取り年収の見込額
⑤年金額＝毎年受け取ることができる年金の見込額
⑥現在資産額＝普通預金、定期預金、投資信託などの金融資産の合計（不動産は含まない）

これらの数字を「人生設計の基本公式」に当てはめて出てくるのが、その人の年間の【必要貯蓄率】です。

具体的な計算式は、巻末の１８４ページに紹介していますので、ぜひ読者の皆さんも計算してみてください。

シミュレーションでお金の計画を作り込んでいく

現在50歳の並田さんの場合、「人生設計の基本公式」に当てはめる数字は次のようになりました。

①**残された現役年数**＝65歳まで働くと考えて15年
②**老後年数**＝95歳まで生きると考えて30年
③**老後生活費率**＝現役時代の０・７倍
④**手取り年収**＝今後15年の増減を加味して６００万円
⑤**年金額**＝１８０万円（「ねんきん定期便」に記載）
⑥**現在資産額**＝１２００万円

「この数字で計算すると、並田さんの【必要貯蓄率】は27・８％となります。つまり、これからリタイアするまで収入の３割弱を貯蓄に回すと、現役時代の7割くらいの生活費で、95歳まで過ごせることになります」

エクセルなど表計算ソフト用の式も巻末の１８７ページに収録していますので、読者の皆さんもぜひ活用してください。3分もあれば結果が出ます！

「約3割ですか!? 月々15万円近く貯金するなんて、そんなの無理です……。やっていけません！」

ひょっとしたら皆さんの中にも、ビックリするような数字が出てきて、並田さんと同じようにパニックになった人もいるかもしれません。

しかし、この公式には続きがあります。

実現できそうにない数字が出てきたら、前提となる数字を置き換えて何度でも計算のやり直しができるのが、この公式の強みです。

「たとえば、会社員なら退職金が出るでしょう。人事に聞けば大体の金額は分かるはずですから、確実に貰える税引後の手取り金額を、⑥の【現在資産額】に組み込んでみたらどうなりますか？」

「たぶん、1800万円くらい貰えるはずです。これを足すと、【現在資産額】は

３０００万円になりますね」

「その数字で計算し直してみると、【必要貯蓄率】は19・４％になります。つまり、今から年収の２割を貯蓄に回せばクリアできるという訳です」

「それならなんとかなりそうです」

「条件を変えて、何度でも計算をやり直してみるといいでしょう。

たとえば、

・①現役で働く年数を延長して、②【老後年数】を短くする

・奥さんが働きに出て、④【手取り年収】や⑥【現在資産額】を上げる

といったことだって考えられませんか？　奥さんの収入はパートなどの場合、確実に貯められる金額の合計を現在資産額に加算できる形で計算するといいでしょう。たとえば年間１００万円を10年間稼げる場合に１０００万円を足します。もちろんこの金額はその時の生活費で使ってしまってはいけません」

「なるほど。そうすれば、【必要貯蓄率】が下がってますますラクになるという訳ですね」

「そうです。ただし、子供の教育費や親の介護費用、家のリフォームなどが予定されている場合は、⑥の【現在資産額】に影響が出て逆に【必要貯蓄率】は増えます」

「これから長男が大学に入るから、その分、資産額は少なくなってしまうわね……」

「とはいえ、不足分が具体的に分かると対策は可能です。不安になる必要はありません」

お金の扱いで最も危険なのは、現状を把握しないまま、漠然とした不安を運用で解決しようとすることです。こうした場合、人は往々にしてダメな金融商品やセールスに引っかかってしまいますし、過大なリスクを取る場合が多い。

しかし、自分が必要とする金額が分かっていると大きな失敗はしません。計画に沿ってしっかり貯蓄を実行していれば、多少環境が変わっても適応できます。

「資産が大きく増えたり減ったりした時は、改めてこの公式で計算し直しましょう。毎回、電卓で計算するのは大変ですから、エクセルなどの表計算ソフトを利用すると便利です。インターネットで『人生設計の基本公式』と検索すると、計算用のサイトが見つかるので、そうしたものを使ってもいいでしょう」

お金で泣く人は……漠然とした貯蓄目標を立てる

お金で笑う人は……自分の必要貯蓄額を計算して、貯蓄を実行する

老後資金を「３６０」で考える習慣をつける

「これで、年間どれだけ貯蓄すべきか大体の目安はついたでしょう。ここでもう一つ、覚えてほしい便利な計算方法があります」

「ぜひ教えてください」

「65歳でリタイアして95歳まで生きるとしたら、老後は30年あります。月に直すと３６０カ月です。**老後のお金を、この【３６０】という数字とセットで考える**ようにするんです」

「どういうことですか？」

「たとえば今、並田さんがボーナスや運用の利益などで３６０万円を手にしたとすれば、それは『老後の30年間、毎月1万円ずつ使えるお金が増えた』と考えられます」

「現在、日本人の平均寿命は女性で87歳、男性で81歳くらいですが、平均ということは、それよりも長生きする人がざっと半分はいるということですし、寿命は時代と共に延びる傾向にあります。ですから並田さんの場合、余裕を持って95歳までを老後期間として想定する必要があると思います。

決して喜ばしいことではありませんが、95歳で考えておいたものが仮に85歳になったとしても、少なくとも資金面では苦しくなることはありません。65歳から95歳の30年が、85歳までの20年間になれば、毎月使えるお金は１・５倍になることになります」

「なるほど。しかし毎月１万円は嬉しいなぁ」

「月１万円増えるということは、もし年金が毎月15万円だったら、１万円上乗せして毎月16万円で暮らしていける訳です。ただ、その逆のことも言えます。もし３６０万円失えば、毎月１万円分、使えたはずのお金がなくなったと考えられます」

「そうなったら外食を減らして、料理の腕を上げます！」

「それはむしろ嬉しいなぁ」

「この【３６０】はリスクを評価する時に大いに役立ちます。また、後でご説明しますが、運用のリスクを評価してどの程度までのリスクを取っていいのかを求める時に使えます。たとえば、大きな出費に迷ったら『老後の１カ月の生活にどれくらい影響が出るだろう？』と【３６０】で割り算して影響を考えることもできます」

「ちょうど、家のリフォームをすべきかどうか迷っていたところです」

「リフォームの予算が仮に７２０万円なら、『将来の毎月２万円分が目減りする』と考えられます。それでも構わないならリフォームに踏み切ればいいし、いやならリフォームをやめるか、予算を減らせばいいことになります」

「これは分かりやすいですね。先生、すごい！」

「現在の３６０万円分の損得を『老後の毎月１万円』と考える習慣をつければ、お金の見方がぐっとシンプルになりますよ」

お金で泣く人は……３６０万円の損得を「現在の価値」だけで考える
お金で笑う人は……３６０万円を「老後の毎月１万円」と考えてみる

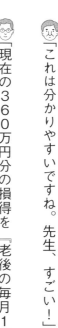

教育費を「聖域化」しない

「先ほどの【３６０】の計算は、投資に幾ら回すかを考えたり、教育費を検討したりする時にも応用できます」

「そうは言っても、教育費はそうそう削る訳にはいきません。私たちが学生の頃に比べると学費は本当に上がりました。昔なら、国公立大に通ってくれたら家計にも多少の余裕ができたのでしょうが、今はそれすら大きな負担です」

並田夫妻には子供が二人います。長女はすでに就職、長男は地元の公立に通う高校生で現役合格を目指すために予備校へも行き、将来は大学進学をめざしているそうです。

「子供にはしっかり教育を受けさせたいんです」

「そう考える方がほとんどでしょう。うちにも小中二人の子供がいますし、良く

分かります。しかし現実的にはいろいろな家計の負担が重なり、心配事も増えてきます。教育は有効な投資ですが、どう投資するかはそれぞれの子の資質にもよります」

「そうは言っても、教育費だけは減らしてはいけないという気がします」

「私は、その考え方こそ改めなければいけないのではと思っています」

現在の**子供一人あたりの教育費は、東京で私立の中高に通い、さらに大学に進ませると塾代なども含めると直接の学費だけで約１５００万円**くらいかかるイメージです。二人いれば約３０００万円、地方なら家一軒分の投資です。

もちろん、子供の教育は大切ですし、立派な教育を受けさせたいと思うのは親として当然です。しかし、教育費は特別だからと無条件にその金額を投資してしまうと、親の手元には何も残らないという可能性もあります。

「先ほどの【360】の計算で考えてみましょう。子供一人あたりの教育費1500万円を360で割ると4・16万円です。つまり、子供一人を私立の中高一貫校から大学まで通わせるために、親世代は老後の生活費を1カ月あたり4万円以上も削っているという訳です」

「うちは高校まで公立だからこれほどではないけど、教育費が大変なのは分かりました。料理の腕だけじゃ賄えなさそうだわ……」

「子供が親の元から巣立ったあとも、親には何十年も続く人生があり、当たり前ですがその生活費が必要です」

率直に言って、勉強に向いていない子供もいますし、通って卒業する価値の感じられない大学も多々あります。

子供の資質や個性に合わせた多様な人生戦略を考える価値があると思います。後々の効果を考えると、若い時期のトレーニングや経験の価値は非常に大きい。レベルの低い大学に漫然と通わせるのはもったいない場合が多々あるでしょう。

お金で泣く人は……子供の大学進学を必須とする
お金で笑う人は……子供の大学進学にこだわらない

☐親の介護費用をどうするか

「友人たちの中には、親の介護の問題を抱えている人も増えてきました。そういう状況も想定しておくべきなのかなと考えています。在宅で家族が面倒を見るのがいいのか、施設に入れるのがいいのか、そもそもどちらがいいんでしょうか？」

「考え方は人それぞれですが、私は施設の利用に比較的好意的です。在宅で誰かがつきっきりで介護するとなると、負担も大きいし、家族の働き手が減ってしまいます。加えて、つきっきりになる人の精神面も考えておくべきでしょう」

「私がパートに出られなくなったら、世帯収入は当然、下がるわね……。施設に入る費用を考えると、どっちの方が負担が少ないんでしょうか？」

「**費用だけで考えない方がいい**でしょう。たとえば入浴一つとっても、在宅介護で入浴させようとすると、時間も手間もかかります。しかし施設なら、30分などの決められた時間内でプロの手で安全に入浴させる事ができます。

介護される側にとっても、する側にとっても、施設に入った方が幸せな面が多くあるはずです。また、社会全体で考えても、施設を使う方が、経済学で言う『規模の利益』があって効率が良いという側面もあります」

「なるほど……しかし、やっぱり費用のことは気になります」

「自分たちの資金でどうにかしようと考えず、**親が入るための施設の費用は親のストックから賄う**のが一番シンプルかつ合理的です。ストックとは貯蓄や不動産のことです。親御さんに持ち家や土地があるなら、それを売却したお金を施設の入居費用に充てるのが、一番負担が少ないでしょう」

「うちの実家は持ち家なので、いざとなったら売却は考えられますが……まだ、親に相談した事はないです。こういう話を面と向かって話すのって、気が重いじゃないですか」

「ですが、親の判断力があるうちに意思を確認しておかないと、のちのち困るの

は自分たちです。介護の話は抜きにしても、親の資産については一度話し合って、大まかな方針を決めておくのがお互いのためです。亡くなってから資産や負債の額が分からずに苦労するケースも少なくありません」

「月々の費用も、親の年金などを充てるのですか？」

「そうです。確実に入ってくるお金を中心にしてやりくりしないと、子供の家計が圧迫されて、自分の老後に備えられなくなってしまう場合もあります」

親の老後計画をしっかり立てるには、親の資産を把握する事が欠かせません。

介護施設の費用は設備やサービスによって千差万別です。親の手元にいくらあるか分からなければ、どんな選択が可能なのかも分かりません。この作業には、なるべく早いうちに取りかかることをお勧めします。

親とお金の話をした事がないという読者は、今すぐこの本を閉じて電話してもいいくらいです。

お金で泣く人は……親の介護費用を自分で出す
お金で笑う人は……親の介護を親の資産から賄う

葬式とお墓は本当に必要か

「親にかかる費用といえば、お葬式やお墓の問題もありますよね。うちのお墓は寺にあるので、そこそこお金がかかります」

「これは家ごとに考えがある問題なので、一つの例として聞いていただければと思うのですが、実はうちでは『**墓じまい**』をしました」

墓じまいとは、お墓を片づけて更地にし、お寺や墓地の管理者に敷地を返すことです。そうして、お寺との関係を絶ちます。お墓が残ったままだと、お墓を言わば質に取られているようなもので、お寺と縁を切る事ができません。山崎家では、遺骨をＮＰＯに頼んで海に散骨してもらいました。

この決断をしたのは、私の母でした。

故郷には先祖代々の墓があり、11柱のお骨が納められていました。しかし私も妹も東京住まいでおそらく故郷には戻りません。加えて、近年は母も私もお寺やお墓というものの価値に疑問を感じるようになっていたのです。

「母は、お墓やお寺とのつき合いが子孫の負担になると考えたようです。そこで、自分の代でお寺と縁を切り、お墓を撤去して散骨することにしました」

「手続きが大変だったんじゃないですか？」

「寺との交渉は母が行いました。お骨を取り出して墓を撤去する作業はＮＰＯ法人に依頼しました。墓を更地に戻すのに数十万円、散骨費用に１柱あたり４万円弱かかりましたが、これ以後は寺との縁が切れ、お布施などの出費を考えずにすむようになりました」

昨年、父が亡くなった時はすでに寺とのつながりはなくなっていたので、葬式も墓もない親族だけの弔いを行いました。

「お寺と縁がないとなると、お通夜やお葬式はしなかったのですか？」

「はい。葬儀会社に聞くと丸2日間はドライアイスで自宅に安置できるというので、布団に寝かせていた父の遺体を囲んで、ゆっくり家族の時間を取る事ができました」

弔いで手配したのは、納棺師によるお清めと、葬儀会社による納棺と火葬、骨壺くらいです。棺代を含む総費用は約37万円でした。

通夜と葬儀があれば香典で費用が賄えるといいますが、一連のサービスに多額の支払いを行うのが果たして妥当な支出なのか、そもそも本当に告別式は必要なのか、人によって捉え方は違うのではないでしょうか。

私は決して他人の宗教や信仰を否定する立場ではありません。

ただ、**葬儀ビジネスを介在させなくても心のこもった弔いはできる**と考えています。

だいたい身内が亡くなると悲しいし、忙しいことも多いのに、葬式のようにお金も使えば気も遣うイベントをやる事が合理的だとは思えません。

「お墓がなければ、お骨はどうするのですか？」

「しばらく自宅に置かれたあと、散骨するか、一緒に埋葬してもらえるようにどこかの共同埋葬施設に納めるか、残った家族でしかるべき時に判断する予定です」

「そんな方法が選べるとは知りませんでした」

「家にあった仏壇も撤去しました。母は縁の近い先祖数人の写真をタンスの上の目立つ場所に飾っています。毎日写真に向かって語りかけて、飲み物や食べ物をお供えしているようです。母は、故人たちを暗くて狭い仏壇に閉じ込めておくより、写真を飾って語りかけるほうがずっと身近に感じられると言います」

「山崎先生もご自身のお葬式は同じ方法をとら

れるのですか？」

「はい。墓はもうありませんから、子供たちにどこか好きな場所に散骨してもらえるなら大いに満足です」

特に故郷から離れた場所で住んでいる人にとって、墓の問題は切実ではないでしょうか。また、お寺とのつき合いが負担だと感じる人も少なくないでしょう。

その解決策として、墓じまいという選択はとても有効でした。

私自身も気持ちがさっぱりして、母がしてくれた数々の事柄の中でも特に感謝したい快挙の一つだと思っています。

お金で泣く人は……立派な葬式やお墓にこだわる

お金で笑う人は……葬式やお墓にお金をかけない

健康に関する投資をどうするか

「そういえば、最近は同窓会に出ても病気自慢が増えました。自分もそんな年になったのかと、さびしい気持ちになります」

「飲み会の席で陰気な話をしてもつまらないと思うのですが、病気の話が好きな人はいますね。とはいえ、たしかに健康でなければ働けないし、不健康になるとお金は出ていく。維持するのが難しいぶん、**年を取るほど健康な人の相対的な『人材価値』は上がります**。元気な状態を保つ努力には価値があるのです」

「先生ご自身は、何か健康を保つ工夫をされていますか？」

「少し調子が悪くなったのと人前に出る仕事でもあるので、歯には先日相当額を投資しました。歯を気分よく使えるメリットの方が大きいと判断したからです」

「歯の状態がいいと、健康で長生きできるそうですね。これからはやはり、予防

医療にも投資が必要ということなんでしょうか？」

「もちろん予防も大事なので、生活レベルからの改善を心がけるべきなのでしょうが、今回の私の場合、予防というより『悪いところに対応した』感じです。私は、健康全般に関してそのスタンスです。考え方はいろいろあると思いますが、積極的に病気探しをする必要はないと考えています」

年1回の健康診断は会社の義務なので受けていますが、人間ドックなどの医療ビジネスに対しては、私は少なからず懐疑的です。一生懸命、病気探しをするのが本当に健康と人生にとっていいのでしょうか？

ただ自分の体調には敏感なので、不調を感じたらすぐに対処します。

「医療保険はどうされているんですか？」

「民間の保険会社の医療保険には入っていません。保険に入ったからと言って病気になりにくくなる訳ではないですから。大きな病気をした場合は、健康保険の

高額療養費制度を使えば、それほど大きな負担にはなりません。のちほど（87ページ）詳しくご説明しますが、**医療費の自己負担に上限が設けられる制度**です。民間の医療保険はどうしても必要という訳ではありませんし、加入者にとってかなり損な条件です。保険料で払う分を貯蓄に回す方が圧倒的に賢いと思います」

「でも、これから年を取っていくのに心配になりませんか？」

「心配は心配ですが、医療保険は無くても病気に対処できるのですし、経済的にひどく損なので使わないことが合理的です。
病気の多くは運でしょう。であれば、変えられない運には気を回さずに、これから変えられることだけにフォーカスした方が、自分の時間・能力・お金を有効に使えますし、人生を楽しく過ごせるのではないでしょうか」

お金で泣く人は……民間の保険会社の医療保険に頼る
お金で笑う人は……医療費は健康保険と貯蓄で解決する

老後は何を大切にするのか、考え直す

「教育費や介護にお金をかけないという選択をすれば、【現在資産額】が増えますから、当然【必要貯蓄率】も変わってきます。ぜひ今お伝えした教育費や介護などの話も踏まえて、改めて『人生設計の基本公式』を計算し直してみてください」

「ちょっと思ったんですが……⑥の【現在資産額】を増やすのでなく、③の【老後生活費率】を下げるという方向で考えるのはどうなんでしょうか？　先ほどは平均的な数値として0・7で計算しましたが、7割といわず、生活費が半分くらいに減っても、なんとか我慢できそうな気がします」

「それは一理あるな。さっそく計算してみますね……わっ、【老後生活費率】を0・5にしただけで、【必要貯蓄率】が19％から3％にまで下がりましたよ！」

「ほとんど貯蓄しないでいいじゃない！」

「（水を差すようだが、ここはきちんと分かってもらわないと……）ちょっと待ってください。**【老後生活費率】を軽く考えると手痛いしっぺ返しを食らう**ことになります。もちろん、生活費を削ればその分お金を使わずにすみますが、そんな老後はハッキリ言って味気ないと思いませんか」

仕事をリタイアしたからといって過剰に慎《つつ》ましく暮らす事はありません。50代を過ぎると一年一年がとても貴重になり、人は時間とお金の「限り」を意識します。きちんと貯蓄ができているなら、旅行に出たり、友達とお酒を飲みに行ったり、趣味にお金を使ったりするのもいいでしょう。人生にはお金より大切な事がたくさんあり、できるだけ経済的な心配をせず、「楽しい事」を多く考えて生きていたいものです。大切なのはバランスです。

「『人生設計の基本公式』は、生活に制限を設けるためのツールではありません。むしろその逆で、『こう暮らしてみたらどうか？』というビジョンを当てはめて、どうすればそこに近づけるかを確認するためのツールだと思ってください」

「私としては、老後に豊かに暮らすことより、子供に十分な教育費をかけることのほうが、今の段階では大切です」

「だとしても、【老後生活費率】を下げる事だけが対策ではありません。お子さんが独立したら、奥さんが本格的に働きに出たっていいでしょう。奥さんの稼ぎを大きく【現在資産額】に足すことができるなら、教育費にお金をかけたうえでも、実現可能な貯蓄額で、それなりの老後生活の水準を保てるはずです。

あるいは、奨学金を利用するという手もあるでしょう。【現在資産額】をさほど減らさずにすむかもしれません」

「確かにそういう方法もありますね」

「こうやって数字を動かすことで、その人なりの人生の優先事項がだんだん見えてきます。ですから1回の計算だけで結論を出さずに、何度もいろんなパターンで計算をやり直してみてください」

お金で泣く人は……将来の生活を切り詰められると考える
お金で笑う人は……現在と将来のバランスを取ろうとする

＊

並田夫妻が事務所を訪れてから、すでに2時間ほどたっていました。

最初はどこか思い詰めたような顔で話を聞いていた駿さんとはる子さんですが、今は晴れやかな表情です。

「おかげさまで、老後資金を作っていくための具体的なビジョンが持てました。今朝までは、何から手をつけていいのかサッパリだったものですから……」

「それはよかった。それでは、ここからは具体的な老後資金作りの戦略を考えていくことにしましょうか」

「よろしくお願いします！」

第2章

50代からの「支出の減らし方」

☐「地位財」にお金をかけない

「貯蓄を増やすための大原則は、収入を増やし、支出を減らす事です。これは当然ですね」

「はい。しかし先ほどもお話ししたように、私は５年たてば定年を迎えるので、今後の収入アップは望めません。妻のパートを増やしてもらうことも検討しようとは思いますが、まずは『支出を減らす』方について、先生のお知恵をいただきたいです」

「支出のことを考える時に、私が一つのアイデアとして持っているのは『**地位財にお金をかけない**』ということです。地位財は経済学の用語なのですが、周囲との比較で満足を得るようなモノやサービスのことです。

　典型的なのは不動産です。いくら３００坪の豪邸に住んでいても、周りの家が皆４００坪だったら、それを幸せとは感じにくいのが人間という生き物なのです。反対に、周りが50坪の住宅だらけなら、１００坪程度の家でも幸せを感じやすい。

このように『他人と比べ合う』のが地位財の特徴です」

「私の同期にも、奥さんの見栄でタワーマンションを買った男がいます……」

「地位財で競争しようとしても、皆が競争に参加すると意味がなくなります。たとえば、『高級なリクルートスーツを着たほうが就職に有利だ』というセオリーがあったとしても、就活生の全員がアルマーニのスーツで決めてくれれば、もはや差はつきません。もっとも、就活生が皆安いスーツで面接に臨もうという合意形成は難しいでしょう」

「『地位財にお金をかけるのはムダだ』ということですね」

「全ての地位財向け支出が無駄だということではありませんし、現実的に全ての地位財で競争から降りるのは無理というものでしょう。自分が地位財の競争に巻き込まれているのだという自覚を持つことと、何らかの地位財の競争から意図的に降りるといいのだと思います。

住宅、自動車、服装、アクセサリーなど、何らかの地位財の競争から意図的に「降りる」と余裕ができます。

ご自分にとって重要なものは何か、実はそれほど大事ではないものは何かを、よく考えてみてください」

お金で泣く人は……『地位財』の競争に、無自覚である

お金で笑う人は……何らかの『地位財』の競争から「降りる」ことを考える

教育費は本当に必要か？

「先ほどから何度もお話に出ている『教育費』も、地位財の一種だと言えます。『いい大学に行かせたい』というのは、もちろん子供のためを思ってのことでもあるでしょうが、親の見栄だと考えることもできます」

「ず、ずいぶん厳しい考え方ですね……」

「もちろん、すべてがそうだという訳ではありません。これから話す事は、おそらく並田さん夫婦とは違う考え方だと思いますが、こんな視点もあるのだと聞いていただけますか。

最近では中学を受験する小学生が珍しくありません。小さな頃から塾へ通い、なるべく偏差値の高い中学に入り、高校に入り、大学に入ろうとする。それは将来、望む仕事に就きやすくするための投資だと考えるからです。

それが世間の当たり前になっていますが、教育現場の近くにいると『これでいいのだろうか』と疑いを持つことがしばしばあります。

私も大学の教壇に立って学生たちに教えた経験があります。学生たちの学力はさまざまで、高校卒業レベルに達していないと思われる学生もいました。しかしそれは、学力に限った話であり、他の能力や人間性に問題がある訳ではありません。

大学とは一定の学力を持った人間が入り、さらに専門性を高める場所です。勉強に向いている学生はやりたい学問を見つけて伸びていきます。しかし、勉強に向いていない学生にとって、大学は非常に居づらいところでしょう。

超一流の才能を持つプレーヤー以外にとっては、部活の多くは人生の大事な時期の時間を暇つぶしに使う行為ですし、アルバイトが忙しくて授業時間にくたびれているのももったいない。

勉強に不向きな若者は大学以外の進路の選択肢をもっと真剣に考えてもいいのではないでしょうか。『大学は人生の無駄だった』という人は、本人も親も気づいていなくても少なくないのではないかと思います」

「山崎先生は、大学へ行かなくてもいい子供もいるとお考えですか？」

「その通りです。もちろん、子供に十分な学力があり、なおかつ大学のカリキュラムと学びたい内容が合っている場合は、お金を払っても通う価値はあります。でもそうとは限らないケースもあると思うのです。

私の行きつけのある料理屋の主人は、まだ30代半ばですがいい腕を持っていて、お店も成功しています。

父親も料理人だったので、彼は中学を卒業してすぐに修業に出されて他店で味覚と腕を磨きました。

人間の味覚には形成期があり、25歳を過ぎるとそれ以上感覚を研ぎ澄ますのは難しいと聞いた事があります。もし大学を卒業してから修業に出たとしたら、この主人の料理人としての人生はずいぶん変わっていたでしょう。プロとして大成できなかったかもしれません。

今の彼は神楽坂にお店を持ち、２店目もオープンして父親を迎えました。これからもますます繁盛するだろうと思います」

「確かに、大学に進学させるというのは親の見栄も大きいのかもしれません。しかし、そうキッパリと『進学以外の道がある』と割り切るのは難しいような……」

「先生のお子さんが大学に行かないと言い出したら、どうされますか？」

「昔、計算してみた事があるのですが、努力の効率を考えると、**子供が甲子園に出場してプロ野球選手をめざすより、勉強していい大学に入り、高収入のビジネスパーソンをめざす方が期待値は有利だろう**という結果になりました。

でも、それは、本人の資質や好みを考えない一般論です。本人が本当に勉強に向いていなければ、あるいは、勉強よりもやりたい事が明確にあるのなら、進学以外の道も大いにありです」

「その判断はどこで行えばいいんでしょうか？」

「子供と話をして『勉強したがっていないな』と感じたら、進学以外の可能性を考えればいいのです。やりたくない事に努力しても上手くいかない。「やりたい！」と思った時に頑張る事ができます。そして、おそらくは、本人が得意な事をやりたいと思う場合が多い。これを見ているといい。

しかし、『やりたい事』を自分で決めるのは、そう簡単ではない。親をはじめとする周囲の評価を気にして自分で自分の進路を決められない事が多い。正直言って、私も大学生時代にやりたい事がはっきりしていた訳ではありません。親が全てをコントロールするのは無理だとあきらめる方がいいのではないでしょうか。

スポーツが得意、音楽や美術が得意、容姿が整っているというのも才能のひとつです。大学ではなく専門学校などで何らかのスキルを磨いた方が、子供にとって幸せかもしれません。『なにがなんでも大学へ』と杓子定規に考えるのではなく、もっと子供の進路を柔軟に捉えると、子供の人生に関してより有効な時間・お金・努力の投資が可能になるのではないでしょうか」

お金で泣く人は……子供の個性より親の見栄
お金で笑う人は……子供の進路に柔軟

子供の学費をどうするのか

「教育費に老後の資金作りの足を引っ張られないようにするという意味では、私は**奨学金の利用も視野に入れるべき**だと思います」

「奨学金ですか……。親の判断で子供たちに借金を背負わせるのには抵抗があります。実際、それで働きづらくなった若者も多いんじゃないでしょうか？」

「私は、世の中で言われているほど奨学金が悪い存在だと思っていません。学生の本分は働く事ではなく、学ぶ事です。例えばバイトで勉強時間が圧迫されるというのは本末転倒だとは思いませんか？

社会に出る前の若者に『奨学金』という借金を持たせてよいのか、という声はあります。しかし、**そのお金で機会と時間を得て、教育というメリットを受け取るのは子供であり、今後の人生にプラスに働くはず**です」

「メリットを受けるのは子供……。そうですね」

「奨学金を、効率で考えてみると分かりやすいでしょう。大学生のアルバイトは、時給1000円ほどです。多額の学費や生活費を稼ぐためには、それなりの時間を費やさねばなりません。

しかし卒業して中堅どころの会社に入り、何年かたてば年収500万円ほどになります。この収入を時給に換算すると約2500円です。学生時代のアルバイトと比較すると2・5倍の生産性がある訳です。

1時間1000円のアルバイトで学費を稼ぐのと、時給2500円の仕事で奨学金を返すのと、どちらが効率的でしょうか？」

「なるほど。効率で考えると、社会人になってから奨学金を返していく方が圧倒的にいいですね」

「そうだと思います。学生時代は奨学金でしっかり勉強し、望む就職先で働けるようになる事を考える方がたぶんいいでしょう。

借金には「いい借金」と「悪い借金」があります。利率が低くて、将来十分返せる予定が立って、トータルで得をできる借金は利用を検討してもいい「いい借金」です。今の奨学金にはその可能性があります」

「同じ金額でも、払うタイミングが変われば効率が変わるんですね。その発想はありませんでした」

「親の将来設計とのバランスも取りやすくなります。最近では、無利子や返還不要の奨学金も出てきました。有利子でも金利0・1%ほどで、借金としては非常に低い水準です。子供が借りて、一部を親が返してもいいでしょう」

「偏見を捨てて、奨学金も選択肢の一つに加えることにします」

お金で泣く人は……無理をしてでも自力で子供の学費を賄おうとする
お金で笑う人は……奨学金の活用も検討する

保険は「入るべき」という思い込みを捨てる

「そういえば、先ほど先生は『医療保険には入っていない』とおっしゃっていました。支出をスリムにするは、保険を見直したほうがいいんでしょうか？」

「おっしゃる通り、保険の見直しは家計を改善する有力な手段です。ちなみに、今はどんな保険に入ってらっしゃるんですか？」

「私と妻は生命保険に入り、医療特約を付けています。子供たちは医療保険だけに入っています。それに貯蓄を兼ねたいので、5年前に生命保険を終身保険から生存給付金付きに変えました。長生きすればお祝い金が貰えるなんて、お得じゃないでしょうか？　払うばかりでは損ですし」

「医療保険は入院5日未満でも保険金が下りるタイプにしました。最近は入院日数が短くなっているんですよね？　それならこのタイプがお得かなと」

矢継ぎ早に話す並田夫妻を見ながら、私は心の中でため息をついてしまいました。

ちょっと酷かもしれませんが、ここは厳しい現実をお伝えしなければ……。

「並田さん、今おっしゃった保険は、入っていなかったとするともっといいのですが、現時点で考えるとしても、たぶん、全部、解約してよいものだと思います」

「えっ、どうしてでしょうか」

「保険とは、今後に起こる心配に備えて金銭的な保障が欲しいから入るものです。保険料を支払って、保険会社に保障を約束してもらっている訳です」

「はい。だから将来の安心のために、保険に入っています」

「ではお聞きしますが、並田さんたちが必要とするお金は、絶対に保険会社の保険でなければ賄えないものですか？」

「ええと、それは……」

「**保険会社が保険を勧めるのは、基本的に会社が利益を得られるから**です。そこを冷静に考えなければいけません」

「でも、営業担当者の方は私たちの年齢や人生設計を考えて細かく提案してくれます。高いプランから安くて新しいプランへの転換を勧めてもらったこともあります。会社の利益を考えるなら、安い商品を勧めることはありませんよね？」

「ひょっとして『お子さんが大きくなったから保障は少なくしましょう』とか、そんな誘い文句じゃありませんでしたか？」

「確か、そんな感じでした」

今度は二人の目の前で実際にため息をついてしまいました。

「すでにやってしまったものは仕方がありませんが、やってはいけない見直しのひとつが、保険契約の転換です。保険会社からすると、既存の保険を見直して新しいプランに入ってもらったほうが大いに得なのです」

「でも、保険料が安くなったら保険会社の損になるんじゃ？」

「**保険の転換とは、せっかく積み上げた今までの保障を解約して、一から新しいプランに加入するのと同じこと**です。転換によって保険が安くなる理由の一つは、前の保険の積立金を次の保険料の割引に流用できるからです」

「つまり、割引分も結局は自分で払っているということですか？」

「そうです。並田さんは１円も得をしてないはずです。一方で、保険会社は確実に儲かっています」

「……」

「しかも、契約から概ね最初の2年ほどは、契約者から支払われた保険料の多くは営業スタッフの報酬や代理店手数料の支払いに充てられます。その分、自分の積立金にはほとんど回されない保険が多いのです。つまり、新プランに加入するという事は、保険会社が最も得をする期間を再度提供することに他なりません」

「うぅ……。転換で私たちが得しないのなら、他社を検討する方法はどうですか？」

「それはそれで他社を儲けさせてしまうので、やっぱりダメです。まずは『保険は入るべきものだ』という前提を捨ててください」

お金で泣く人は……保険契約を「転換」する
お金で笑う人は……ムダな保険をきっぱり「解約」（ないしは「払い済み（97ページ）」に）する

医療保険はどこまで必要か

「とはいえ、なかなか『保険には入らない』とまでは割り切れません」

「では、保険の必要性について一つひとつ検証しましょうか。まずは、一番分かりやすい医療保険から説明しましょう」

「医療保険こそ、欠かせないんじゃありませんか？　年を取れば病気は増えますし、医療費もかかります。すべて自分たちで支払うのは大変だと思うんですが」

「たとえば大きな手術をすれば費用はかさみます。ですが、治療費用は会社の健康保険を使うと３割負担に抑えられます。厚生労働省の資料をもとにしたある保険会社の試算では、１日の治療費の自己負担額は約５１００円です」

「でも長期入院になったらかなりの金額になりませんか？　仮に１カ月入院したら……」

「15万3000円ですね。でも**『高額療養費制度』を使うと全額までは負担する必要がなくなります**。これは健康保険の仕組みの一つで、1カ月の医療費の自己負担額が高額になった場合、一定の自己負担限度額を超えた分が払い戻されるという制度です」

「国が負担してくれるんですか?」

「正確には個々の健康保険による制度ですが、公的に存在する仕組みです。健康保険組合や市町村、共済組合などに申請して給付が受けられます。並田さんの給与収入なら1カ月の医療費が月に約8万円を超えたら利用できるはずです。つまり負担の上限は月約8万円ということです」

入院や手術の際に活用したいのが、この「高額療養費制度」です。すでに40年以上の歴史がある制度ですが、実際に入院する時などに説明を受けるまで知らない人が多く、意外と知られていません。保険会社が医療保険を売りにくくなるため、あまり説明してこなかったからでしょう。

自己負担限度額は、被保険者の収入や年齢によって変わります。２０１５年の制度改正後の概算では、70歳未満で年収約３７０万円～７７０万円の人であれば「８万１００円＋（医療費－26万７０００円）×１％」を負担するだけですむようになりました。

仮に１カ月の医療費が１００万円かかっても、最終的な負担額は８万７４３０円です。

「でも、個室や２人部屋などを利用すると、１日に６０００円くらいの差額ベッド代がかかるそうじゃないですか。これは全額自己負担ですよね？　入院ともなれば、治療費のほかに食事代や見舞いにくる家族の交通費などもかかります。やっぱり、保険はあった方がいいんじゃないかなあ」

「では入院日数で考えてみましょう。

生命保険文化センターの統計によると、入院の平均日数は約32日でした。

心疾患では約20日、脳疾患では約90日、骨折では約38日とのことなので、長めに見積もって90日入院とすると、自己負担が求められる金額はこれくらいです」

私は紙とペンを取り出し、そこに次の通りに記しました。

●差額ベッド代　54万円（約6000円×90日）

●食事代　9万円（約1000円×90日）

●家族の交通費・食費　13万5000円（約1500円×90日）

※90日入院なので、医療費の自己負担限度額は3カ月分を計算

●高額療養費制度を使った医療費　27万円（約9万円×3カ月）

「これらを合計すると3カ月入院での負担額は103万5000円です」

「やっぱり、結構かかりますね」

「いえいえ、その逆です。100万円の貯金があるなら、医療保険がなくても入院費用を賄えるということです。また、この計算では入院日数を長めに見積もっ

て90日で計算しましたが、平均的な入院日数である30日で計算すれば、自己負担額は35万円弱まで減ります。並田さんは今、毎月いくら医療保険料を払っていますか？」

「家族４人分で……月４万円です」

「つまり、年48万円、３年で１４４万円、５年で２４０万円です。この２４０万円は、その間に給付を受けなければ払い損になってしまいます。だったら、保険会社に払うのではなく、ご自分の口座に積み立ててもいいのではありませんか？」

貯金した２４０万円は、いわば無色の自由なお金です。

必要があれば医療費になり、使わなければ資産として手元に残ります。すぐにおろせる場所に蓄えておけば、教育費や不慮の出費の備えにもなります。

「公的な制度を使うなら、わざわざ保険会社の助けを借りなくても自分たちでなんとかできるのが医療費です。そして、平均的に見て、保険で医療費を払うより

も、支払う保険料分を貯蓄して運用する方がはるかに得です。なぜなら、その反対なら保険会社は潰れてしまうからです。民間の保険会社の医療保険は『損』です。並田さんの場合も真っ先に解約すべきでしょう」

お金で泣く人は……長期入院に備えて医療保険に入る

お金で笑う人は……高額療養費制度を知っている

生命保険が本当に必要なのは一時期だけ

「我が家は本当に見直しポイントだらけですね……。それでは生命保険はどうなんでしょうか？　お祝い金があるプランなら損にはならないと思うんですが……」

「厳しい診断ばかりでさすがに私も心苦しいのですが、ひどく損をしているはずです。本当に生命保険が必要な時期は人生の中でもごく一時期に限られています。50代なら死亡保障などなくてもいいくらいです」

「でも私が死んでしまったら、家族が心配です」

「その気持ちは分かりますが、よく考えてみると若い頃と状況が変わってはいませんか？　保険以外にも、残されたご家族の生活を支える手段はあるはずです」

私が生命保険の加入を勧めてよいと思うのは、子供はいるけれども貯蓄はない若い

夫婦くらいです。それも、子供が小さすぎて妻が働くのは難しいような一時期に限ります。

もし夫が亡くなっても妻が働けるのであれば大きな保障はいりません。親を頼ることができる場合も同様です。ネット生命や共済の掛け捨てで1000万円、または2000万円くらいの死亡保障があれば大丈夫でしょう。保険料は月々数千円ほどです。あとは、相続対策として生命保険が有利なケースが時々ありますが、並田さんはまだ考えなくていいでしょう。

「お子さんたちも大きいのですから、駿さんに万一のことがあってもアルバイトをしたり、働きに出たり、保険に頼らなくても暮らせる状態ではないでしょうか？」

「たしかに、もう自分たちの面倒は自分で見られる年齢かもしれないわね……」

「住宅ローンが残っていても、住宅ローンにセットされた**団体信用生命保険**に加入しているはずなので、そちらの死亡保険で残金は支払えます。この保険があれ

ば、ローンを組んだのがご主人の場合、仮にご主人が亡くなっても奥さんには一切、ローン残高は残りません」

「死亡保障だけを考えるとそうかもしれませんが、私が3年ごとに祝い金が付くプランにしたのは、貯蓄性が高いと思ったからです。銀行に預けるよりお得なのではないでしょうか？」

「お祝い金は嬉しく感じるかもしれませんが、ご自分がそれを大きく上回る保険料を支払っている事を考えると、掛け捨ての保険よりも損な場合が多いはずです。損です。お祝い金に限らず後でお金が貰える保険は、保険会社の保障の商売に加えて、運用の商売にもつき合っているのだと考えると分かりやすいでしょう」

そもそも大半の保険商品は、投資信託などと比べてもはるかに分厚い手数料を取る設計になっています。先ほども触れたように、「お得なプラン」などと言って転換を勧めるのも、保険会社の手数料稼ぎの一手段です。

保険会社は運用益や売却益で利益を得ているにもかかわらず、手数料の割合や金額をほとんどを公開していないケースが多くあります。これは消費者保護上大きな問題なのですが、金融庁はまだそこまで踏み込めていないのが現状です。

「山崎先生は保険会社には特に厳しいですね」

「昔、生命保険会社に2社勤めた事があるので、具体的なイメージが湧きやすいのです。だから厳しくなるのかもしれません」

お金で泣く人は……「お祝い金」など後からお金が戻ってくる生命保険に入る
お金で笑う人は……必要な時期だけ掛け捨ての生命保険に入る

今までの掛け金をムダにしない方法

「保険をやめるとして、今まで掛けてきた保険料はどうなるんでしょうか？　それこそ年間何十万円も支払ってきました。みすみすドブに捨てたくはありません」

「解約した場合は規程の『解約返戻《へんれい》金』が戻ってきますし、解約ではなく『払い済み』にする手もあります」

「『解約』と『払い済み』はどう違うんですか？」

「すべての保障を放棄するのが『解約』で、契約当初の保障からは減額されてしまうものの、支払いを止めたうえで保障が継続できるのが『払い済み』です。払い済みなら、ある程度の保障を維持しながら、将来の余分な出費を減らせます。今の並田さんにとっては最善の策かもしれません」

たとえば３０００万円の死亡保障がついた生命保険を「払い済み」にすると、今後は死亡保障が１０００万円になるかもしれません。ですが、契約が続く限り、受け取りの権利は残るので過去に支払った保険料が丸々ムダになる事はありません。

「保障が減ること以外のデメリットは、特約が外れてしまうことと、一度払い済みにした保険は元に戻せないことくらいでしょうか」

「医療特約は外れてしまうんですね……」

「どうしても病気が心配なら、生命保険に支払っていた保険料で新たに安い医療保険に入る手があります。保険料はかなり安くなると思います」

「そうか、浮いた保険料を他に回せばいいんですね」

「個人的にはその医療保険も必要ないと思いますが、月数千円で安心が買えるのであれば、並田さんにとって必要な出費なのかもしれません。これは人それぞれです。私は、その保険料は貯蓄に回す方が合理的だと思います」

郵便はがき

料金受取人払郵便

銀座局承認

5127

104-8790

627

差出有効期間
平成31年11月
11日まで
※切手を貼らずに
お出しください

東京都中央区銀座3-13-10

マガジンハウス
書籍編集部
愛読者係 行

ご住所	〒			
フリガナ			性別	男・女
お名前			年齢	歳
ご職業	1. 会社員(職種　　　　) 2. 自営業(職種　　　　) 3. 公務員(職種　　　　) 4. 学生(中　高　高専　大学　専門) 5. 主婦 6. その他(　　　　)			
電話		Eメールアドレス		

この度はご購読ありがとうございます。今後の出版物の参考とさせていただきますので、裏面のアンケートにお答えください。**抽選で毎月10名様に図書カード(1000円分)をお送りします。**当選の発表は発送をもって代えさせていただきます。

ご記入いただいたご住所、お名前、Eメールアドレスなどは書籍企画の参考、企画用アンケートの依頼、および商品情報の案内の目的にのみ使用するものとします。また、本書へのご感想に関しては、広告などに文面を掲載させていただく場合がございます。

❶お買い求めいただいた本のタイトル。

❷本書をお読みになった感想、よかったところを教えてください。

❸本書をお買い求めいただいた理由は何ですか？

●書店で見つけて　●知り合いから聞いて　●インターネットで見て
●新聞、雑誌広告を見て（新聞、雑誌名＝　　　　）
●その他（　　　　）

❹こんな本があったら絶対買うという本はどんなものでしょう？

❺最近読んでよかった本のタイトルを教えてください。

ご協力ありがとうございました。

シニア向け保険は得なのか

「シニア向け保険はどうでしょうか。持病や入院歴があっても入れますし、私たちの年代には合っているように思えます」

「並田さんもなかなかしぶといですね。私もしぶとく繰り返しますが、保険会社は自分たちが損をする商品は売りません。高齢者ほど死亡しやすく病気になりやすいのは当然なので、その点は織り込み済みで、それでも利益が出るように設計されています。つまり、**シニア向け保険は保険料が割高**なのです」

「もうよく分かりました」

「それに、先ほど紹介した『高額療養費制度』（87ページ）は70歳以上になると保障内容が変わってさらに手厚くなります。ますます民間保険会社のプランなど利用する必要がなくなります」

70歳以上75歳未満、標準月額報酬が28万円以下の世帯では、自己負担限度額が４万４０００円以下になります。世帯で計算するので夫と妻の医療費を合算することも可能です。

また、75歳以上になると「後期高齢者医療制度」の対象となり、同じように高額医療費に対して給付の制度があります。

これらの制度を活用すれば、ある程度の貯金で老後の医療費は賄えるでしょう。

「仮に、シニア向け保険の保険料が月々３０００円として、二人分を支払えば月６０００円、年間で７万２０００円の支出になります。10年間払い続ければ72万円です」

「結構な金額ですね」

「そうでしょう？　病気にならない可能性だってあるのですから、医療費以外にも活用できる場所に置いておいた方がいいと思いませんか？　同じ金額を貯金して、投資なり趣味なりに使った方が、よほど豊かな老後を暮らせるというものです」

お金で泣く人は……シニア向け保険に加入する
お金で笑う人は……余計な保険に入らない

＊

私が保険に対して批判的なことに、最初は納得のいかなさそうな表情を浮かべていた並田夫妻ですが、次第に私の言わんとしている事を理解してくれたようです。

……と思っていたら、はる子さんからまたしても不穏な発言が飛び出しました。

「年金だけでは将来の生活が不安なので、個人年金保険についても調べたんです。主人が60歳で退職すれば、65歳までの収入が途絶えますよね。その間の足しになればと思うのですが……」

これはまだまだレクチャーを終わらせる訳にはいかないぞ……私は三たび、ため息をつきました。

「はる子さん、個人年金保険には賛成しません。これまた保険会社に支払う手数料が非常に高く、他の運用商品と比較して不利な商品だからです。同じ金額を貯蓄や投資に回す方が、今後に生きるお金になります」

そして、こう続けました。

「よろしければ、日を改めてまたいらっしゃいませんか？　次回は投資と運用について、具体的にお話しします」

第3章

50代からの「お金の増やし方」

投資のリスクをどう考える？

並田夫妻が最初に事務所に来た日、二人は銀行から勧められた毎月分配型投資信託や外資建ての生命保険などのパンフレットを持参していました。それらがいかにダメなプランであるかは、前回にお話ししました。

今日、改めて投資と運用について相談にきた夫妻は切羽詰まった感じが薄れていて、落ち着いて話ができそうです。

「銀行からもらったパンフレットは置いてきました」

「それはよかった。投資と運用は、プロなら特別に上手にできるようなものではありませんし、プロのアドバイスがないとできないようなものでもありません。幾つかの基本を押さえて計画を立てて商品を正しく選ぶなら、むしろ金融機関のアドバイスなどないほうが、ご自分で立派に運用できるはずです」

「投資に関してはまったくの素人なんですが、大丈夫でしょうか……」

「そんなに身構える必要はありません。投資では『手広く買ってじっと待つ』こと以外に、大してできることはありません」

「手広く……ですか？　たくさん買うのって、なんだかちょっと怖いですね」

「むしろその逆で、**異なる対象に広く分散して持つことでリスクが集中しなくなるので、比較的安全**です」

「やっぱりリスクはあるんですね」

「当然です。数字で説明すると年４～５％の利回りが平均的で、１年後に投資額の３分の１ほ

どを失う確率が2～3％ある。一方で、投資額の1・4倍くらいにまで増える可能性も同じくらいある。そういった大きな幅の中で平均的なプラスを追い求めるのが、リスクを取って投資する行為だとイメージするといいでしょう」

「不景気でもそれほどの利回りがあるものですか？」

「極端な話、たとえは経済がゼロ成長だとしても、市場でそれが十分に織り込まれて株価や土地価格が形成されているのであれば、理屈上はリスクに見合った利回りが十分期待できます。たとえば２０１３年は、日本が新興国並みに成長した訳でもないのに、株価が5割くらい上がりました」

「そうなんですね」

「でも、多少であれリスクがあると言われると、やっぱり不安になります」

「運用は少なからずリスクを伴うので、それが嫌なら無理してやらなくても構い

1995-2015　国内株価の推移

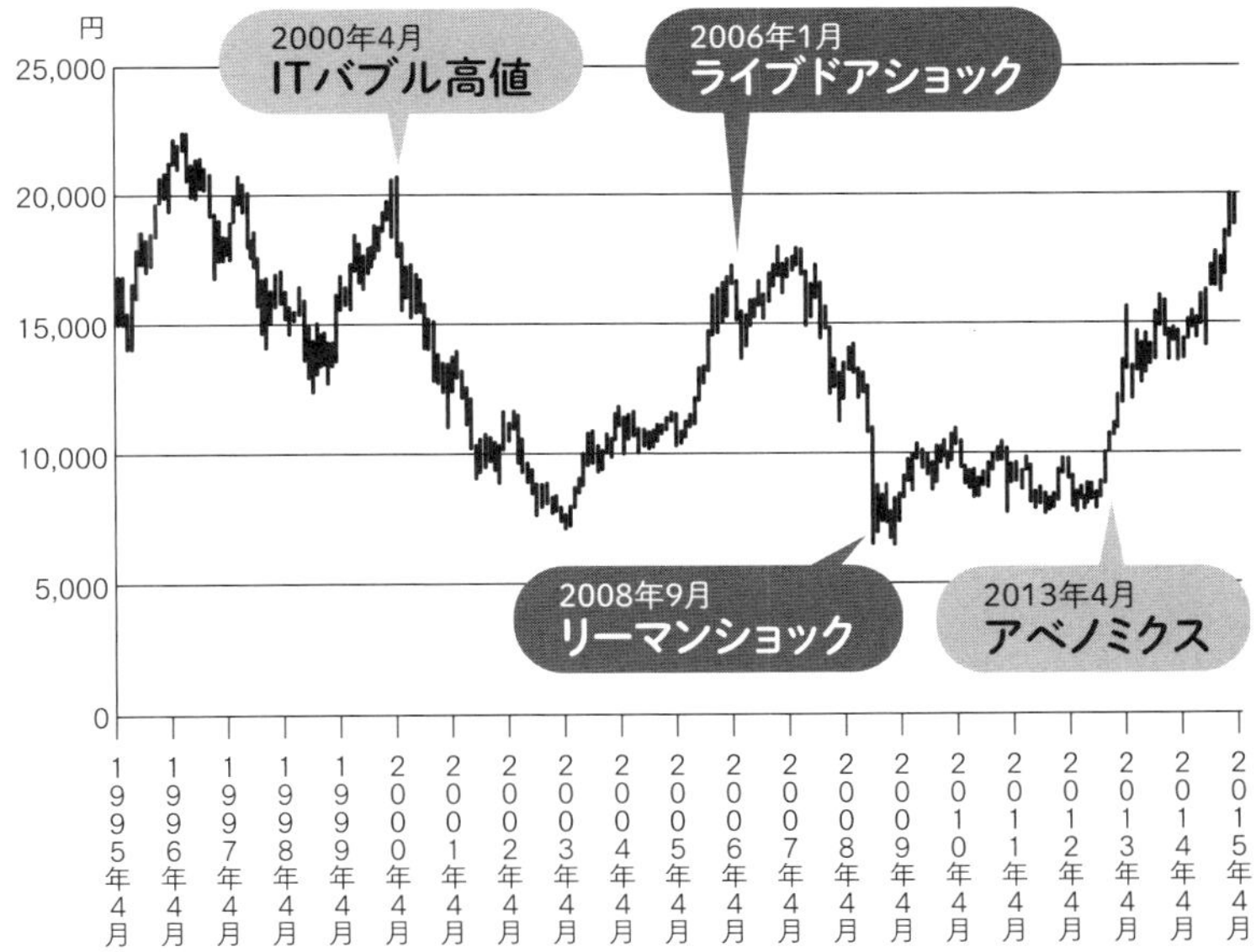

出所：Yahoo Japan Corporation.

人口減少などから日本経済は
低成長だと言われていますが、
株価にそのことが織り込まれているなら、
十分な利回りが期待できます。

ません。その代わりにたくさん働いてもっと稼ぐとか、生活を工夫してお金を貯めるとか、別の方法をとればいいでしょう。そういった着実なアプローチも否定はしません」

私が考える投資とは、**お金を経済に参加させる**ことです。

たとえば手元に100万円があるなら、ただ貯めておくより経済に参加させた方が、お金が生み出すリターンによって稼げるという考え方です。お金を適切な場所に置いておくと、お金が働いてくれるのです。

「お金で投資信託を買うと、そのお金は企業の設備投資に回ったり運転資金の一部になったりして経済的な価値を生みだし、利益を出します。そのうちのいくらかが株主にとっての利益になり、投資信託の利回りとなって戻ってくる。これが『**お金が働いて稼いでくれる**』ということです。

ただし確実なものではないので、損が出たとしても耐えられる金額で参加する。それが投資との正しいつき合い方です」

「『5%の利回り』なんて言われると、つい買いたくなってしまうけれど……」

「ですが、よく聞くと『5%の利回りを目指す』としか言っていないはずです。目指すのは自由ですが、『必ず5%の利回りになる』とは誰も保証できません。言い切っていたら、その商品は怪しい」

「リターンが大きいのはリスクが大きいからですか？」

「おおむねそう思っていただいていいでしょう。ただし、逆に**リスクが大きいからといって必ずしもリターンも大きいという訳ではありません**」

「気をつけないと勘違いしてしまいそうです……」

「金融業界側から見ると、リスクの高い商品は手数料をたくさん取りやすいという側面があります。それが私たちにとっても本当にメリットがあるものなのかを検討しなければいけません」

お金で泣く人は……リスクを怖れてお金を手元に眠らせる

お金で笑う人は……リスクを取ってお金を経済に参加させる

投資に回す金額の目安は？

「投資には、どのくらいの金額を回せばいいんでしょうか？」

「まず考えるべきは、**生活に必要なお金をある程度確保した上で、残りのお金から投資する**ということです」

絶対に借金が生じない程度の余裕を持つため、だいたい**「支出３カ月分」**は**銀行の普通預金に預けておく**のがいいでしょう。残ったお金は当面使わないお金として投資に回せます。ただし、リスクを取る資産に投資する金額は、個人の事情と判断によって変わります。

「１年間の運用による損失を、最大で投資額の３分の１くらいと想定すれば、リスクの想定としては十分でしょう。つまり、『**最悪、１年間で損をしても大丈夫な金額**』**×３が、リスクを取る資産に投資してもよい金額の目安**となります。

もし１年間に１５０万円損失を出しても家計の根幹や将来のプランに影響が出

ないと考えるなら、リスク資産に投資できる上限額の目安は450万円です。

もちろん、上限額まで必ず投資しなければならないというものではありません。

ひょっとしたらリスクを嫌ってもっと少ない金額で投資したい人もいるでしょう。

逆に、余裕があるお金を最大限に活用して、もっと投資したい人もいるかもしれません。その判断は人それぞれです」

「なるほど」

「以前もお話ししましたが、【360】を基準に投資額を決める方法もあります。
360万円を『老後の毎月1カ月分』と考える計算式です。
たとえば150万円の損失が出たとすると、360で割ると約4200円です。
つまり『150万円損をしたらリタイア後の生活で毎月使えるお金が約4200円減ることになるが、それでも大丈夫か？』と自問することになります」

「4000円くらいなら問題ないような気がするわね」

「でも、これが毎月1万円以上目減りするとなったら、苦しいかもしれない」

「だとしたら、並田さんは３６０万円の損失には耐えられないということですから、その3倍の金額は投資額として大きすぎるという判断になります。具体的には１０８０万円ですが、大まかに言えば、並田さんは１０００万円近くを投資に回すのはやめた方がいいということになります」

お金で泣く人は……限度を考えずにリスク資産に投資する
お金で笑う人は……損をしても耐えられる金額の3倍までを投資する

2017年に「個人型確定拠出年金」制度が改正

「投資の金額についてはイメージができました。では、山崎先生が勧める投資法とはどんなものですか？」

「幅広く分散投資された商品で、**シンプルかつ手数料の安いものを、無理のない金額で長く持つ**ことです。ちょっと順番が変わりますが、『長期』『分散』『低コスト』と唱えてみてください。この3点で投資のコツが網羅されます」

「3点セットですか。『分散』と『手数料が安い』は分かりますが、『長く持つ』ことのメリットは何なんでしょうか？」

「お金に長い期間働いてもらって大きな収益を得ることが目的です。とはいえ、実は長く置くほどリスクにさらされる機会が増えるのも事実です。その点では単純に長期投資が有利だとはいえないのですが、お金に働いてもらうことが投資の目的だと考えるなら、できるだけ長い期間働いてもらう方がいい」

「売買の回数が減ったら、その都度の手数料も払わずにすみますね」

「素晴らしい着眼点です。だんだん分かって来られましたね。加えて、収益が出た時に売ると税金を取られて『複利』の効果が小さくなってしまいますが、これを避ける効果もあります。長期間ねかせてじっくり持つのが投資の基本です。株価などの一時的な下落に動揺して売りたくなることもありますが、適切に売ってまた買い直すのは大変難しい。じっとしたまま、長期保有が賢明です」

「具体的にはどのような金融商品を買えばいいのでしょうか?」

「先ず商品選択の前に利用してほしい仕組みがあります。必ず儲かるといってもいい優れものです」

「銀行も保険も否定派の山崎先生が勧めたい投資があるのですか?」

「あります。『**個人型確定拠出年金**』という言葉を聞いたことがありませんか？」

「そういえば、新聞や雑誌で見た事があるような気がします」

「厚生労働省が旗振り役になっている私的年金制度のひとつです。制度自体は以前からありましたが、２０１７年１月から加入できる人の範囲が広がって、並田さんのような会社員や専業主婦の方でも加入できるようになったのです」

並田夫妻は興味深く資料を見ています。

「イデコという言葉なら、私も聞いたことがあるわ」

「国民年金基金連合会が『ｉＤｅＣｏ（イデコ）』という愛称を決めましたが、個人型確定拠出年金には次のような特徴があります」

●税制上の優遇措置が手厚い

●年金資産の運用方針を自分で決められる
●転職・退職しても年金資産を持ち運べる
●年金の受給形態・年齢を自分で決められる

「簡単に言えば、運用商品を自分で決めて、その実績次第で将来貰える年金の金額が変わるという仕組みです」

「会社によっては確定拠出年金（『個人型』と頭につかない）制度があるようですが、これと同じでしょうか？」

「企業が導入している確定拠出年金とイデコの違いは、企業型か個人型か、という点です」

企業型の場合は企業単位で導入を決めるので、職場が制度を導入していなければ従業員は確定拠出年金に加入することができません。しかし、２０１７年の改正によって、かなり広い範囲の民間企業に勤めている人や公務員、さらに主婦なども、個人の判断でイデコに加入して〝個人型〟確定拠出年金を利用できるようになったのです。

「あなたの会社はどうなの？」

「厚生年金には入っているけど……企業型の確定拠出年金はないはず。制度自体、会社が導入しているのかも分からないなぁ……」

「会社の制度を総務部などに確認する必要はありますが、もし並田さんの会社が企業型の確定拠出年金や独自の企業年金を導入していないならば、個人型確定拠出年金であるイデコを検討する価値があります」

今から享受できる「個人型確定拠出年金」のメリット

「運用次第で受け取る金額が変わるなら、あまり貰えないケースや損する場合もあり得る訳ですよね？　それだとあまりお得な商品には思えないんですが……」

「いえいえ、大きな税制上のメリットがあるのです」

●掛金が全額所得控除になる
●運用益が非課税で再投資できる
●受け取る時も大きな控除が得られる

「まず『全額所得控除』について説明しましょう。もし並田さんの会社が企業年金を導入していない会社だとすると、並田さんは月々２万３０００円を上限にイデコへ掛金を支払うことができます」

「上限が決まっているんですね」

「独自の企業年金を導入していない会社に勤めている人は月々２万３０００円、企業型確定拠出年金のみを導入している会社に勤めている人は原則として月々２万円が上限です。後者の場合は会社で導入している確定拠出年金制度の規約によって利用できるか否かが変わるので会社に確認してください。なお、自営業の方

は、厚生年金などの保障がないぶんイデコでフォローできるように多めの設定になっており、月々6万8000円が上限です」

並田さんがイデコに加入して、月々の上限いっぱいである2万3000円を1年間支払ったとすると、年間の掛け金支払額は27万6000円です。

掛金は全額所得控除になるので、並田さんの所得から27万6000円が差し引かれた上で、所得税が計算されるという訳です。

「計算すると……どのくらい得になるのかしら?」

「控除がなければ、この27万6000円は所得に含まれて税金がかかるでしょう。並田さんの所得では所得税の税率が20%、住民税が10%ですから、30%にあたる8万2800円が税金になります。**イデコを利用するとこの税金がかからないため、年間で8万円強が節税できます。節税のメリットは課税される所得がある限り確実なので、先ほど「必ず儲かる」と言ったのはこの点をさしてのものでした」**

「節税メリットなんて大したことないだろうと思っていましたが、馬鹿にできない金額ですね」

「ええ。家計にとって非常に大きい金額ではないでしょうか。夫婦二人なら温泉旅行にでも行ける金額です。しかも、掛金の支払いは60歳までなので、並田さんたちにはあと10年あります」

「つまり、今加入すれば税金だけで80万円以上も得をするって訳か」

「二つ目のメリットである『運用益は非課税』という点も見逃せません。金融商品を運用すると、通常は毎年、運用益に対して

イデコによる節税効果

	会社員		自営業
	独自の企業年金を導入していない会社	企業型確定拠出年金のみを導入している会社	
掛け金の上限（月）	2万3000円	2万円	6万8000円
掛け金の上限（年）	27万6000円	24万円	81万6000円
上限まで積み立てた場合の節税額	年8万2800円	年7万2000円	年24万4800円

※50歳、年収600万円、所得税20%、住民税10%で計算

現在2割ちょっとの税金が課されます。でも、イデコなら運用期間中は非課税なので、丸々再投資に回せます」

「でも、年金を受け取る時は税金を取られるんですよね？」

「受け取る時の税金も優遇されるのが三つ目のメリットです。年金方式で分割して受け取るなら『公的年金等控除』、一時金として一括で受け取るなら『退職所得控除』の対象になります」

「確かにメリットが多いな……」

「税制で確実に得をして、将来の蓄えになる。お金の振り分け場所としては第一に考えるべき選択肢でしょう。貯蓄性保険や年金保険と比べても、節税額が全然違います」

「毎月貯金ができる余裕があるなら、その分のお金をイデコに回してもよさそうね。だって、銀行に貯金しても税金は優遇されないんでしょう？　それじゃあもったいないわ」

「私もそう思います。並田さんの必要貯蓄額はイデコで使える額よりも大きいはずなので、まずイデコを最大限に使う事が正解です。

さまざまな金融機関がイデコを取り扱っているので、ぜひ調べてみてください。口座管理手数料が安く、かつ運用商品の運用管理手数料が安い金融機関を選ぶのがお勧めです。

どちらかが安くてももう一方が高い事がありますからそこは注意深く確認してください。大手のネット証券がやっているものを選ぶといいでしょう。

なお、年金の受給要件として『通算加入年数が10年以上』というものがあるので、60歳から受給したいなら50歳で加入しなければいけません。もちろん50歳を超えて入っても受給資格は得られますが、通年加入年数が10年ないと受け取れないので、早めに手続きする方がいいでしょう」

「検討するなら早い方がよさそうね」

お金で泣く人は……イデコを知らない
お金で笑う人は……イデコを利用している

☑投資信託の種類をマスターする

「イデコでは、自分で運用する商品を選ばなくてはならないんですよね……。投資を考えるとき、いつも戸惑うのが商品の種類の多さです。いろんな記事や本で研究したんですが、混乱してしまってよく理解できていません」

「それはよくありませんね。イデコでは数十の商品が並んでいますが、投資する対象になりうるのはせいぜい2つか3つ程度です。その他の商品は選ばない方がいい理由がはっきりあり、わたしは『地雷』と呼んでいます。選ぶ対象になり得るのは投資信託なので、投資信託についてご説明しましょう」

投資信託

「投資信託は、国内外の株式や債券などに投資するものです。運用会社が大勢の人からお金を集めて、まとめて何十銘柄、何百銘柄という投資対象に投資して、その成果として生まれた運用益を投資家に配分します」

「ひとつの商品でたくさんの対象に投資できるという訳ですね。しかし、46%の人が損をしているとおっしゃっていました」

「そうです。ほとんどの投資信託はダメだけれども、ごく少数の投資信託が投資してもいい対象になり得るのだと理解してください。選び方は後でご説明するので安心してください。

少額の投資金額でも多数の対象に向けて実質的に分散投資できるのが、投資信託の最大のメリットと言えるでしょう。1口幾らという形式で売買され、たくさんの口数へ投資した人は、そのぶん多くの運用益を受け取れます。おっしゃる通り、損をする人が多いのも事実なので、正しい知識を持つ事が肝要です」

アクティブファンド

「アクティブファンドは投資信託の一種です。運用責任者であるファンドマネジャーが、例えば値上がりしそうな銘柄や債券を選んで購入したり、値下がりする前に売ったりして、投資信託の価値を上げようとします」

「ファンドマネジャーの腕次第で、利益が変わるという事ですか？」

「そうです。運用者が投資する銘柄を選んで売り買いして価値を上げ、平均的な利回り以上の成果を出そうとする投資信託の事を『アクティブファンド』と呼んでいます」

「積極的な運用をするから『アクティブ』なんですね」

「ただし、運用次第で大きく得することもあれば、損することもあります。また、ファンドマネジャーが介在するので手数料は高めです」

インデックスファンド

「インデックスファンドも投資信託の一種です。インデックスとは『指数』の事です。日本なら『東証株価指数』、アメリカなら『ニューヨークダウ』などの株価指数がありますが、こうした指数と同じような値動きになるように中身をコピーした投資信託が『インデックスファンド』なんです」

「『中身をコピーした』とはどういうことですか？」

「たとえば、『東証株価指数』は東証１部の状況を表す指数です。仮に、東証１部の時価総額の３％をトヨタ自動車が占めているとしましょう。この場合、東証株価指数を基にしたインデックスファンドも、同じように３％をトヨタの株が占めています。東証株価指数の別名は『ＴＯＰＩＸ』なので、東証株価指数に連動するインデックスファンドは『ＴＯＰＩＸ型ファンド』とも呼ばれます」

「東証１部の平均的な株価の動きと、投資信託の値動きが連動する訳ですね」

「ええ。指数をまねた商品なので指数とほぼ同じ値動きです。指数に対して受け身なので、アクティブな運用に対して『パッシブ運用』とも呼ばれます。平均的な結果が期待でき、手数料は低めに設定されています」

「平均的ですか……つまり、アクティブファンドの方が利益が出やすいということですか？」

「アクティブという言葉には、前向きでよいイメージがあるかもしれませんが、必ずしもいいことばかりではありません」

「そうなんですか？」

「仮に10本『アクティブファンド』があるとすると、毎年の成績は市場平均に対して４勝６敗くらいです。この『４勝』の方に投資できればいいのですが、勝者は毎年ランダムに入れ替わります。昨年よかったから今年も大丈夫、といった関係は全くないのです。そして何より、運用にかかる手数料が高い」

「山崎先生はアクティブファンドをお勧めされないんですか？」

「『インデックスファンド』の方が合理的です。平均がインデックスファンドより劣って、かつ事前にいいファンドを選ぶ方法がないのですから『アクティブファンド』に投資していい理由がありません。少なくとも、アドバイザーが他人に勧めていいのは『インデックスファンド』だけです」

ETF

「ETFは『上場型投資信託』と呼ばれる商品です。通常の投資信託は非上場で、証券会社などが1日1回算出する基準価格で売り買いします。それに対して『ETF』は、株式と同じように市場に上場し、リアルタイムで価格が変動します」

「ETFにはどんなメリットがあるんですか?」

「株式市場に上場されているので、株のように売買できます。また、通常の投資信託よりさらに手数料が低いのも特徴です」

「どのくらい違うのでしょうか？」

「たとえば『ＴＯＰＩＸ型ＥＴＦ』には、年間手数料が０・09％や０・１％のものがあります。仮に１００万円投資しても、運用管理手数料は１０００円ほどです」

「それは安い」

「手数料の高いアクティブファンドと比べると、もっと分かりやすいでしょう。販売手数料３％、年間手数料１・５％のアクティブファンドの場合、１００万円投資しても、まず販売手数料が引かれて残りの約97万円分しか運用されません。さらに、毎年１・５％ずつ手数料が引かれます。仮に10年間運用すれば、単純計算で約18％が手数料で消える訳です。こんなに払うのは全くバカらしい」

「手数料が高いと、せっかく運用益が出ても目減りしてしまうんですね」

「加えて損になる時は損が大きい。何度も繰り返しますが、運用商品を選ぶ時は手数料が何よりの決め手です。どの運用商品も市場リターンは共通ですし、運用者のスキルを事前に評価する事は不可能なのです。となれば、手数料の差は期待値の差に確実に反映します」

「肝に銘じます！」

「最近は『海外ＥＴＦ』という言葉もよく耳にするようになりました。『海外ＥＴＦ』とは、ニューヨーク市場や香港市場など、海外の市場に上場されているＥＴＦの事です。まとまった金額で外国株に投資したい時に選択肢になり得ます」

「日本でも買えるんでしょうか？」

「外国株式の注文を出すのと同じように注文できます。円から投資するなら為替の手数料はかかりますが、アクティブファンドよりはずっといい。手数料が安く、海外でも注目されている商品です

イデコに話を戻すと、イデコでは内外のETFを買うことはできません。先進国を中心とした外国株式のインデックスファンドとTOPIXに連動する国内株式のインデックスファンドにおおよそ半々に投資するといいでしょう。それ以外の商品はみなダメだと考えておいてけっこうです」

お金で泣く人は……アクティブファンドを買う
お金で笑う人は……インデックスファンド（またはETF）を買う

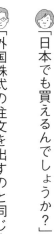

☑運用商品は3つで十分

「私は、運用商品は3つで十分だと考えています」

- **外国株インデックスファンド**
- **TOPIX連動インデックスファンド**
- **個人向け国債変動金利型10年満期**

「先ほどのインデックスファンドに加えて、『個人向け国債』が出てきましたが、これは何ですか？　CMでたまに見かけます」

「個人向け国債とは、国が個人に借金をして、決められた期日に利息を戻してくれる商品です。日本国債は安全で元本は保証されています。はっきり言って、銀行の預金よりも安全です」

「やっぱり元本が保証されていると聞くとホッとするなぁ」

「個人で買える国債には固定金利と変動金利のものがあります。私が勧めるのは『変動金利型10年満期』のものです」

「どうしてでしょうか？」

「変動金利だと、今後、金利上昇があった時にも元本が保証されていて、金利のみが変動するからです。固定金利のものだと将来金利が上昇した時に債券価格が値下がりする場合があります」

「???　すみません、少しこんがらがりました」

「大丈夫です。ゆっくりご説明しましょう。

仮に固定金利で0・1％の10年国債に投資した場合、景気の変動などで長期金利が3％まで上がったとしても金利は0・1％のままです。国債を売却したくても長期金利3％の中では固定金利0・1％の商品に魅力がなく、この国債の価格は大幅に値下がりします。

これが変動金利なら、購入時に0・1％だったとしても、1年以上持つと元本保証で値下がりなしでいつでも換金できることに加えて、半年単位で利息が見直されます。その際の目安になるのが、その時々の長期金利の66％にあたる利回りです。長期金利が3％に上がった時に変動金利が2％まで上がるのです。このくらいまでの差なら、値下がりのリスクがないことを思うと十分納得できるでしょう。今後インフレになれば金利が上昇する公算が大きい。インフレにも強い金融商品として変動金利型の個人向け国債は有効です。

もっとも今は金利が長期・短期ともにほぼゼロです。この状況下では、個人向け国債変動金利型10年満期の最低金利として定められている0・05％がそれなりに魅力的です」

お金で泣く人は……銀行の預金や保険、社債などが安全だと思っている
お金で笑う人は……無難に運用したいお金では変動金利型の個人向け国債を買う

NISAで賢く税金対策をする

「ＮＩＳＡ（ニーサ）とはｉＤｅＣｏと同様に商品の名前ではなく、『**少額投資非課税制度**』の通称です。年間１２０万円を上限に、新しく購入した金融商品の配当や譲渡益が、最長５年間非課税になるというものです。現在、金融商品の運用益には20・３１５％の税金がかかりますが、**５年間のどこかで売却して利益を確定すると、それは全額非課税になります**」

「運用益が非課税になる……というと、先ほどのイデコと似ていますね」

「そうですね。ですが、イデコに毎月積み立てられる金額は限られています。並田さんの場合は上限が２万３０００円でした。『ＮＩＳＡ』なら、１年間に上限１２０万円までを運用資金として入金可能です」

「まとまった金額を運用したいならＮＩＳＡのほうが向いているという訳か」

NISAの概要

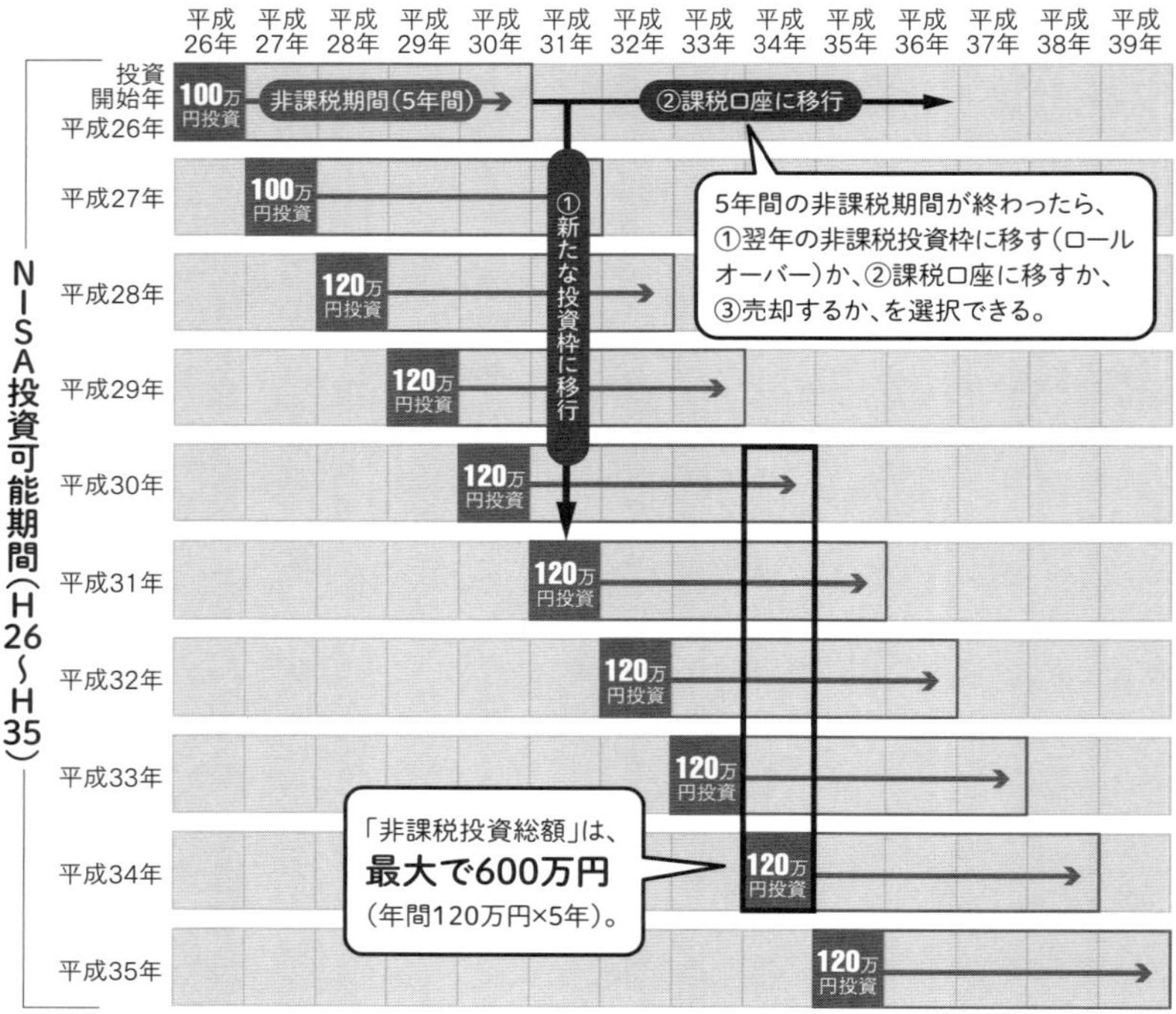

「NISAの概要」（金融庁）
（https://www.fsa.go.jp/policy/nisa2/about/nisa/overview/index.html）を加工して作成

「買った金融商品の価格が5年間で下がってしまった時はどうするんでしょうか？　非課税にするには5年以内に売らなくてはいけないんですよね。値上がりするまで待っていたら、非課税のメリットがなくなってしまうんじゃ……？」

「実は、NISAには最大10年まで非課税期間を延長する方法があります。それが『ロールオーバー』です。売却していない資産について6年目の新しいNISA口座に資産を移管することで、非課税のメリットをさらに5年延長できるのです」

「NISAはどうすれば利用できるんですか？」

「金融機関でNISAの専用口座を開設して運用を始めます。各社、扱っている商品が違うので注意してください。たとえば先ほどご紹介したETFは、手数料が低くて魅力的な商品ですが、扱っているのは証券会社のみで、銀行では買えません」

「そんな違いがあるんですね」

「NISAの口座開設は一人一口座と決まっているため、うっかり銀行に口座をつくってしまったあとで、証券会社にもうひとつ口座を……という訳にはいきません。NISAのメリットを最大限に生かすなら、手数料の安いネット証券に口座を開き、インデックス連動型のETFを買うといいでしょう」

お金で泣く人は……銀行にNISAの口座を開く

お金で笑う人は……ネット証券にNISAの口座を開く

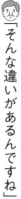

普通の証券会社と「ネット証券」の違い

「今ネット証券の話が出ましたが、ネット証券と普通の証券会社の違いは何でしょうか？」

「大きいのは手数料の差です。並田さんが『普通の証券会社』と呼んでいるのは、おそらく窓口があって、対面で商品を説明したり販売したりするところですね」

「はい、その方が安心できる気がします」

「ネット証券も窓口のある証券会社も、扱っている商品はほとんど変わりません。ただ、**人が介在するぶん、窓口のある方が手数料が高く**つきます」

「ここでも『手数料』が決め手になるんですね」

「はい。**手数料の安いネット証券を利用するのがお勧め**です」

操作が難しいのではないかと心配する人もいますが、パソコンが使えてインターネットにつなぐことができるなら、ネット証券での取引はそう難しいものではありません。手前味噌ですが、楽天証券でも初心者向けの案内やツールをそろえて、投資のハードルを下げています。

「それに加えて、ネット証券にはセールスをする人間が介在しない事が何よりのメリットです。余計な商品、不利な商品をセールスされる心配がない点が最大のメリットかもしれません」

お金で泣く人は……窓口のある証券会社で運用商品を買う
お金で笑う人は……ネット証券で運用商品を買う

金融資産のベストな配分とは？

「先ほどのお話では、インデックスファンドと個人向け国債を組み合わせて買うのがいいとのことでしたが、実際にはどんな配分にすればいいんでしょうか？」

「**私が考える金融資産のベストな構造は１４４ページのような形**です。投資していいと考える金額を、この配分で振り分けます。分かりやすいよう、投資総額を１０００万円とした場合の振り分けにしています」

「『**リスク資産**』と『**無リスク資産**』に大きく分かれていますね」

「『無リスク資産』は元本割れを起こす確率が比較的低い資産、『リスク資産』は逆に元本割れを起こす事がそこそこある資産です」

「個人向け国債は『無リスク資産』になるんですか？」

お金の置き場所と商品割り当ての例

資産配分（アセット・アロケーション）

	リスク資産		無リスク資産
	外国株式	国内株式	
確定拠出年金（イデコ）	インデックスF 200万円		
NISA		TOPIX型ETF 120万円	
証券	インデックスF 100万円	TOPIX型ETF 80万円	個人向け国債 400万円
銀行			普通預金 100万円
合計	300万円	200万円	500万円

お金の置き場所（アセット・ロケーション）

当面使わないお金

平均年率5%、最大損3分の1くらいと考えて、投資金額を決定

使う可能性のあるお金（一人、一行、1000万円以下）

〈考え方〉

- 個々の口座ではなく全口座の合計に対して計画を立てる
- リスク資産の比率は外国株式6割、国内株式4割とする
- 運用益への課税が有利なイデコやNISAには期待利回りの大きなリスク資産を集中する
- 手数料（主に、運用管理費用）が安いものを選ぶ

「厳密に言えば債券はリスクを含みますが、現在の状況なら日本の個人向け国債のリスクは非常に小さいので『無リスク資産』と考えて差し支えありません。なお、この図からは外国債券を意図的に外しています。外国債券はリスクがある割には円でみた期待収益率が高くないので、個人は買わない方がいいでしょう」

「それぞれの商品を、どのくらい買えばいいんでしょうか？」

「以前『人生設計の基本公式』を計算した時（39ページ）、動かせる資産が１２００万円ほどあるとおっしゃっていましたね。それをベースに考えてみましょう。さて、並田さんにとって『１年間の投資で損をしても後悔しない金額』は幾らくらいですか？」

「うーん……リーマンショックみたいな事が起きる可能性だってあるわけですよね。前にも言いましたが、ぎりぎり１５０万円くらいなら諦めもつきます」

「リスク資産には、１年間で３分の１ほど損をしても許容できる範囲の金額を割

り当てるのが目安だとお話ししました。最大１５０万円損しても割り切れるなら、４５０万円程度はリスク資産に回してもいいことになります」

「なるほど。それで、１２００万円から４５０万円を引いた残りの７５０万円は無リスク資産に振り分けるんですね」

「そうです。また、無リスク資産に振り分ける金額のうち『近々使う可能性のあるお金』は、キャッシュとして銀行の普通預金口座に残しておきましょう。いざという時に現金がないと困ったことになりますからね」

「それでは２００万円ほどをキープしておくとして、残りは５５０万円です」

「その５５０万円を、個人向け国債に振り分けます。どうです、簡単でしょう？この構造に当てはめれば、自然とベストな資産配分が決まるんです。そしてリスクがあっても期待リターンが高いインデックスファンドへの投資はまず税制上優遇のあるイデコとＮＩＳＡに集中させます」

お金で泣く人は……リスク資産と無リスク資産を分けて考えない

お金で笑う人は……リスク資産と無リスク資産に整理して運用を考える

外貨預金はハードルが低い？

「少し気になる商品があるのですが、お聞きしてもいいでしょうか。外貨預金はどうなんでしょう？　山崎先生のお勧め商品に外国株のインデックスファンドは入っていますが、外貨預金は入っていません」

「たとえば『オーストラリアドルなら2・5％の利回りがある』と勧められたとします。しかし、この数字は日本円にした場合に確定した利回りではありません。外国為替市場で形成されるのは通貨間の交換比率と金利がセットになった相場です。つまり、表面上の利回りが高い通貨は、それだけ将来の価値が下落しやすいのだといえます」

「下落しない可能性もありませんか？」

「可能性はありますが、イーブンではありません。どの通貨と金利の組み合わせがより儲かるのかは誰も分からない状態です。だからこそ取引が成立します。そ

れに、円安になった時には外国株式ばかりでなく日本の株価も上がる傾向があるので、円安への備えは、内外の株式を持っているなら十分です。
　そして、問題はそれだけではありません。外貨預金は手数料が高いのです」

「またしても手数料ですか」

「はい。私は個人的に、外貨預金の『預金』という言葉が危険だと感じています。『預金』とつくと投資信託や生の債券・株式よりもハードルが低く感じられる。だからより安全で無難そうに見えますが、実態は違うのです」

お金で泣く人は……外貨預金をする
お金で笑う人は……外貨預金には手を出さない

サラリーマン大家は安泰か？

「私の同僚には、いわゆる『サラリーマン大家』で、それなりに羽振りよくやっている男がいるんです。ああいうのを見ると『不動産投資もありかな』と思ってしまいます」

「プロの大家として事業で行うなら成立するかもしれません。しかし、どこかの業者から『マンション投資をしませんか』などと職場に勧誘の電話がかかってくるようなものは、お勧めしません」

「やっぱりダメですか」

「リスクに見合う利回りがあるなら、業者が自分でやっているはずです。わざわざ手間暇かけて立派なパンフレットを作って説明に来なければいけないものが、儲かる話であるはずがありません」

「それだけ営業にお金をかけられるほど、業者が取る利幅が大きいということですね」

「その通り。家賃収入はお金が定期的に入るので精神的にプラスの効果はあるでしょう。しかし、それぞれの市況にもよりますが、土地建物を購入するのと同じ金額で株式投資をするなら、中抜きが小さいぶん、株式投資の方が有利な可能性が高い」

「不動産には、資産価値が年々減っていくという難しさもありそうです」

「はい。不動産の購入では借金がしやすいので大きな額の投資はできますが、素人が10年、20年とずっと利益を出しつづけるのは難しいでしょう」

「やはり、株式などの金融資産に回した方がよさそうですね。不動産だといざという時に現金化することも厳しいですし」

「重要なポイントの一つです。並田さんも理解が進んできましたね。**金融資産の多くは必要な時にお金に換えやすいのがメリット**です。不動産だとなかなかそうはいきません」

お金で泣く人は……業者に勧められて不動産投資をする

お金で笑う人は……株式などの金融資産に投資する

一番活用できる資産は「自分自身」

「こうやって話すほどに、資産に余裕がある人がうらやましくなります。私たちのようにあれこれ悩む必要がないんですからね」

「一口に資産と言っても、私たちの手元にあるのは金銭的な資産だけではありません。お金とは違う視点で資産というものを捉えた方が、結果的に経済的な余裕につながることもありますよ」

「それはどういうことですか?」

「駿さんは、何歳まで働くおつもりですか?」

「60歳で定年を迎えたら嘱託などで再雇用してもらって、65歳でリタイアするつもりです」

「今はそうする方が多いかもしれませんね。しかし、65歳で仕事を辞めなくてもいいのではないですか？」

「そうはいっても、会社から必要とされなければ仕事に就けません」

「もう少し視野を広げてみましょう。会社の外でも働ける状況を作るのはどうですか？　60歳まであと10年もあります。今から準備すれば間に合う可能性が十分あります」

老後の問題についていろいろな方の話を聞いていると、毎回行き着くのが「働いて収入を得られる状況が一番の保険であり、最適な収入確保の方法ではないか」という考えです。

私たちの親世代は寿命が延びたとはいえ、65歳以降は余生と考えても差し支えない世代でした。しかし私たちはおそらくもっと長生きします。

学校を出て、会社で働き、定年後は老後として過ごすという3ステージで語るには、あまりにも老後が長過ぎます。老後と呼ぶ時間がやってきたとしても、私たちはまだ社会で活躍できるのではないでしょうか。

「でも、今からできる事なんて限られているでしょう。もう少し若ければ、いろいろ選択肢もあったのかもしれませんが」

「過ぎたことを振り返っても意味はありません。『これからできる事』に集中するべきです。ただ、60歳になってからではさらに選択肢が少なくなります。ならば、今から準備を始めた方がいい。もし今、並田さんが60歳だったとしたら、こう思うのではないでしょうか。『あと10年早ければ』と」

引退した高齢者の方と話をすると多くの方が「現役時代はこうだった、こんなに偉かった」という話をしがちです。

結局、その方々のアイデンティティは現役時代の肩書きであって、現在の自分ではありません。社会との関わりが薄く、自分から関わろうともしない。自分の老後も同じような姿でいいのか自問した時、私はもっと社会と仕事上の関わりを持って過ごしたいと思いました。

「では、山崎先生は生涯ずっと現役のままいたいということですか」

「周囲の現実を見ると、個人差がありますが、おそらく70代の後半くらいから体力がガクッと落ちそうなので、**仕事を続けられるのは75歳くらいでしょうか。でも、そのくらいの年齢まではペースを調節しながら何らかのビジネスの世界で現役で働きたい**と思っています。何かをやるならやはり責任や締切、報酬が存在した方がやりがいがあります」

「私もその意見に賛成です。薄々ですが、65歳だからといって完全にリタイアしてしまうことに寂しさを感じていました。お金を貯めたり運用したりするのと同時に、自分自身ができる事も探したいと思います」

「気になるのは、働いているために年金の受給額が減ってしまうことです。年金を貰いながら働くために、仕事をセーブしている人がいますよね」

「在職老齢年金の問題ですね。稼いだ金額によって一部の年金が支給停止されるという制度です。しかし、そのためにまったく働かない、働くとしても収入を一定額以下に抑えるというのはいかにも冴えない話です。もっと大らかに働いておおいに稼いだらいいのではないでしょうか。お金のライフプランニングの計算上は、現役期間をできるだけ延ばして老後期間を短くするのが有効な場合が多いと思います」

「せめて70歳くらいまでは働いて稼いだお金で暮らせる状態にして、70歳からは繰り下げて割増になった年金を受給する。それがベストだという気がしてきました」

「年金の支給開始を遅らせるなどで年金の受給額が増えると、将来の長生きリスクに対するヘッジを強化できます。仮に途中で命が尽きてしまったとしても、生きている間は、より豊かに安心して過ごせます」

お金で泣く人は……老後は現役時代の思い出に生きる

お金で笑う人は……70代も現役で働く準備をする

第4章

50代からの「お金の守り方」

☐いつかは向き合う「老い」とお金

50代の私たちは社会で働き、日々を概ね元気に過ごしています。仕事のあれこれやお金について判断することも、人間関係を維持することも、自分でしっかり行えてそれが当たり前だと思っています。

一方で、私たちの親世代は「老い」に直面しています。彼らが抱えている問題は、いずれ私たち自身にも訪れます。

大きな病気で倒れ、意思疎通が叶わなくなった。

認知症が進んでしまい、客観的な判断ができなくなった。

健康を損なって自立した生活が難しくなった。

これらは他人事ではありません。人は必ず「老い」を迎えます。

そして、**「老い」とは少なからず出費を伴う**ものです。

お金の問題を考えるなら、今から「老い」への備えをしなくてはなりません。

「これまでは両親の心配ばかりしていましたが、今後は自分たちの『老い』も考える必要がありますね……」

「そうです。『自分はまだまだ元気だ』と思っているうちは、誰も本気で老いに備えようとはしません。しかし、いざとなった時に本人の意思確認が難しいケースは非常に多い。

私の父もそうでした。

父は会社を経営していたので、お金に関する知識をある程度は持っていました。株も、父の楽しみの一つでした。

しかし、父の経験に安心して私たち子供がそのままにしていた結果、必要がない投資信託にお金をつぎ込んでいたり、父の銀行預金の中には行方が追いきれないものがありました。

もう少し早いうちに話し合っていれば……と、父が施設に入ってから悔やみました」

「いつか話そう、では手遅れになる事があるのですね」

「そうです。本来は**判断力がしっかりあるうちに、何かが起こった時の対策を考え、**

子供たちとも情報を共有しておくべきです」

親についても、自分たち自身についても、「いつまでも元気でいられる」という幻想を早めに捨てるべきです。楽しい想像ではありませんが、年をとってなんらかの異変が起きたら、こんな事が起きるかもしれない……と、将来起こり得る問題を努めて意識するようにしましょう。

その事が、自分たちに残される親世代のお金を守り、子供たちに残す自分たちのお金を守ることにつながるのです。

お金で泣く人は……自分はまだまだ元気だと思っている

お金で笑う人は……「老い」が訪れることを早い段階で自覚している

☐判断力が落ちると人を頼りたくなる

「知らないうちに自分の判断力が衰えることもある、か。考えると怖いですね」

「先輩や両親と話していると、体力が落ちてくると判断力も落ちるといいます。長く思考するにはエネルギーがいりますが、それが持続しなくなるようです」

「うちの母は、腹を立てても怒り続けられなくなったと言っていました。75歳を過ぎた頃からでしょうか、今までの自分とは違う気がすると言うんです」

「うちの父も、体は健康で友達とよく旅行に出かけたり、食事をしたりしているようですが、少し複雑な事を聞くと、『それは任せた』と丸投げにされる事が増えたかもしれません」

「衰えに自覚的ならばいいでしょう。年を取ってからのお金の問題は、判断力低下に無自覚なまま、人を頼ってしまうことからしばしば発生します。

ある若い相談者の例ですが、その人の母親が退職した際に、退職金が振り込まれた銀行でお母さん自身が相談したところ、退職金ほぼ全額が投資信託に誘導されたそうです。

娘さんが私に相談してきた時点ですでに300万円ほど損が出ていて、子供たちで確認したところ、とてもいい投資とは思えなかった。それでどうすればいいかとの相談でした。

この場合は、母親を説得して解約し、取引金融機関を変えるのがベストです」

「解約するだけじゃなく、取引銀行ごと変えるんですか？　これまでの関係もあるでしょうし、なんだか気まずくはないですか？」

「並田さん、その考え方が一番危険です。**お金の問題に人間関係を絡めてはいけません**。むしろ、人間関係を通じて判断を間違える場合が多いからです。

判断力が落ちると、お年寄りは人を頼りたくなります。

客観的な比較や数字はあまり関係ありません。『老い』の結果として仕方がない事ですが、商品を評価したり損得を計算したりする事が億劫になって、代わりに他人を信用したくなるのです」

「それは分かる気がするわ……」

「お年寄りの金銭トラブルでなぜ投資したのか聞くと、金融マンについて『この人はいい人だ』と思ったからだという、非常に感覚的な答えが返ってくる事が多い。『いい人』だから、勧められるまま投資してしまうようです。

その『いい人』が勧めた商品がいかにダメなものであるかを、子供たちが一生懸命説明しても、親は『いい人』が自分を騙すはずがない、実際これだけ親切にしてもらった……と反論します。

さらに説得を試みると『自分には人を見る目があるから大丈夫』と言い張ります」

「うちの親が以前に、訪問販売のクーリングオフでもめたことがあるのですが、その時も同じような事を言っていました」

「口座の中身や売買履歴を見ると、相手が『いい人』とはとても思えません。でも親にはその実感がない。押し問答になって親との関係が悪化するケースを何度も見ました」

先述の相談者は母親と一緒に銀行の窓口へ行き、投資信託を解約しようとしました。しかし３００万円の損が出ているにもかかわらず「長期投資だから一喜一憂しなくていい」と解約を止められたそうです。
毎月の分配金があるタイプだったので母親本人が満足していて、解決するまでに時間がかかりました。

「そういう事が、いつか自分に起こってもおかしくないですね」

「そうです。自分でも気づかないうちに『きちんと考えることのできない状態』に陥るかもしれません。その時になって苦労するのはお子さんたちでしょう。子供に迷惑をかけないためにも、いつか判断力を失ってしまうかもしれないという心構えが必要です」

お金で泣く人は……衰えに無自覚
お金で笑う人は……判断力を失う前に対策を立てる

☐「高齢者向けの金融商品」なんてものはない！

「いざ自分の判断力が衰えた時、正しい判断をするためには、何に注意すべきでしょう？」

「大原則として**『高齢者向け』『シニア向け』と銘打った商品には手を出さないこと**です。若い人向けの運用、高齢者向けの運用なんてものはありません。運用に体力はいりませんし、効率のいい投資法が年齢によって変わる訳ではないからです」

「にもかかわらず、金融機関はあたかも年齢に合わせたお金の増やし方があるように『退職金を運用するのにぴったりの商品がありますよ』などと勧めてきます。これはもちろん、商品を売るためのセールストークです。

たとえば、シニア向けを謳った金融商品には『奇数月に分配金が入る』ことを売りにしているものがあります。年金の受給月が偶数月なので、お金が入らない奇数月に分配金があると嬉しいですよね？　というあざとい商品設計です」

「なんだかちょっと魅力的だと思ってしまいました……」

「危ないですね。そういう、かゆいところに手が届く話ばかりを強調するのが彼らの手段です。

何度も繰り返しますが、こうした金融商品はすべて金融機関側が大きな利益を得られるように設計されています。

要は若くても高齢でも、お金は効率よく増やせばいい。あとは高齢期には計画的に資産を取り崩して銀行の普通預金に入れておいて生活費に充てたらいい。手数料の高い高齢者向け商品に手を出すのは愚かです」

お金で泣く人は……奇数月の分配金を手放しで喜ぶ
お金で笑う人は……年をとってもオーソドックスな運用を続ける

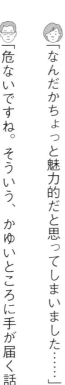

金融商品を「おつき合い」で買わない

「金融機関の営業パーソンが来る売り込みは、意識して避けようと思えば避けられます。しかし、金融商品は知人友人などを介して紹介される場合もあります。さまざまなケースを聞くと、このおつき合いというのがなかなかの厄介者です。

私の母のゴルフ友達で、投資信託で大損した人がこのパターンでした。友人から『これなんてどう？』『いいと思わない？』などと勧められ、つき合いで買わなければいけないと考えてしまいました。

これは、真面目で義理堅い性格の人ほど陥りやすいケースです」

「なぜそこまで熱心に勧めるんだろう？」

「勧める友達のほうにも、リスクが大きいものを持つと仲間を増やしたくなる心理があります。取引相手の金融マンを喜ばせてあげたいという気持ちから勧誘してくる人もいます」

「強く勧められたら、断るのも勇気がいりますよね」

「相手を信用していないように思われるのも気まずいしなあ」

「金融商品とは、いい人間関係を築くと利益が出るようなものではありません。それをくれぐれもお忘れなく。あまりにしつこく勧められるようなら、いっそ人間関係を切った方がよいこともあるでしょう。勧める人に悪気がないとしても、そのまま関係を続けていれば今後も勧められる可能性が非常に高い。**勧誘を断って悪化するような人間関係なら、切れても仕方がない**と私は考えます」

「なかなかシビアですね」

「運用商品ばかりでなく人間も厳しく評価すべきです。投資の話は金額が大きくなりがちなので、暮らしに影響が出る可能性が高い。損をしたあとの精神的なしこりを考えると、勧誘を断った方が結果的に人間関係を悪化させずにすむと考えることだってできます。ともあれ、**知り合いから金融商品を勧められた時は、手**

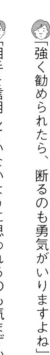

を出さないのが一番です」

お金で泣く人は……金融商品をおつき合いで買う

お金で笑う人は……お金の判断に人間関係を持ち込まない

お金のありかを家族のメンバーで共有する

「1円単位で正確である必要はないのですが、**お金の所在については家族の複数のメンバーで情報を共有しておくべき**でしょう。どの金融機関にどれだけ預けているのか、どこに投資しているのかといった情報です」

「親の資産については、メインの銀行口座と家しか分かりません。ちょこちょこ株なんかも買っているようですが……」

近年では「休眠口座」も話題になっています。

銀行では文書保管の期限が10年と定められているため、取引がないまま10年経過すると、口座の照会に対して「データなし」と回答しても構わないことになっています。

「親がずいぶん前に作ってそのまま放置していたような口座については、情報が貰えなかったり、お金が出せなかったりすることもあるという訳か……」

「将来の自分の口座がそうならないようにしなければならないということでもあります。
　休眠口座についても、本人から事前に通帳や印鑑を預かっていれば、預金者であったことが証明でき、銀行の自主的な判断で払い戻しに応じてくれる場合があります。ただしそれは、家族がお金のありかを把握していて初めて可能なことです」

「そもそも、存在すら知らない親のお金だってあるんじゃないですか？　うちの母も密かにへそくりをしているみたいですが、あれはどこに預けているのか……」

「その通りです。へそくりのようなお金は、本人が死亡したり意思確認ができなくなったりす

ると、『存在しないお金』になってしまいます」

「それは、なんとしても避けたい事態だな……」

「怖いのは、記憶力や判断力を失うのがいつになるか本人も分からないことです。事故や病気で急にそうなるかもしれません。もちろん、１００歳になるまで明晰な判断力を保てる場合もあるでしょう。どう転ぶか分からない以上、やはり準備はしておくべきです」

具体的には、以下の情報をなるべく早いうちに家族の間で共有しましょう。

- **銀行や証券会社などの口座、印鑑、キャッシュカードのありかと暗証番号**
- **万一の際に連絡すべき保険会社**
- **不動産などの実物資産**
- **自宅や貸金庫などですぐに取り出せる資産や現金のありか**

これらをリストアップして、家族が分かる場所に保管しておきましょう。

年1回くらいは更新し、そのときどきの経済状態を確認し直す事を習慣づければなお安心です。

お金で泣く人は……親の資産に無関心
お金で笑う人は……親の資産リストを把握している

後見人制度の最新動向をチェックせよ

「親の判断力が衰えた時の事を考えると、後見人制度の利用も考えた方がいいんでしょうか？」

「成年後見人制度は、かなり注意が必要な制度のようです。特に家庭裁判所に法定後見人を付けられてしまうと、本人のことを知らなかった弁護士や司法書士がいきなりやって来て、財産の利用が不自由になったりするケースがあるようです。加えて、仕事の内容に対して報酬額が高すぎるという声も聞きます。

したがって、本人の判断力がしっかりしているうちに、**家族の誰かを『任意後見人』として選んでおく**ことには、少なからず意味があるようです」

「その法定後見人が、悪徳である可能性がある……ということですか？」

「極端なケースですが、金融機関や不動産会社とつるむケースもあるようですし、それ以前に『自由にお金が使えなくなる』というデメリットがあります。法廷後

見人の報酬は依頼人の預金残高に比例して決まるので、彼らとしてはなるべくお金を使わせたくない。生活費を月10万円しか渡してくれないようなケースもあるようです」

「当然、それでは足りないこともあるでしょうね」

「さらに、法定後見人を雇うのにはお金がかかるという点も見落とせません。現状、法定後見人の最低報酬は年24万円となっているようです」

「資産がその分、目減りしていくのは痛いな」

「もっとも、家族が後見人になれば万事解決、という訳でもありません。この場合、その家族の後見人が悪い事をしていないか見張るという名目で、裁判所から『監督人』を付けられるケースがあり、これまた年24万円以上の報酬を取られるようです。いずれにせよ、後見人制度は年々見直されているため、最新の情報をチェックしておく事をお勧めします」

お金で泣く人は……親の判断力が衰えてから法定後見人を付ける
お金で笑う人は……親の判断力が衰える前に対策を考える

遺言書は「法的に有効な形」で作っておく

「遺言書は作っておいた方がいいんでしょうか?」

「遺言書は『残された人をもめさせない』という目的から真剣に考えるべきです。作成したら、関係者同意の上で法的に有効にしておくことをお勧めします。

　私の母の叔母が亡くなった時、遺言書めいたものはあったのですが、それだけでは十分な効力を持つものではありませんでした。結局、相続人全員を探して連絡を取り、権利を主張する人が出てくるかどうか1年ほど待ちました」

「誰か名乗り出たんですか?」

「いえ、一定期間何もなかったので、結局は遺言書通り相続が進められました。この体験から『**元気なうちに関係者に根回しして遺言書を作った方がいい**』と実感したんです。たかだか文書1通ですが、多くの人間の時間と労力、そして無用な争いの可能性を減らす事ができます」

「とはいえ、まだ元気な親に向かって遺言や相続の話はしづらいです」

「親の問題であると同時に、今や私たちの問題でもあります。親御さんとお金の話をするのがもはや難しくても、せめてお子さんたちには並田さんご自身の資産について情報を伝えておくようにしてください。

言いづらいことほど当事者から切り出してもらうと助かります。

まず自分たちが子供世代に伝え、その姿を親に見てもらうという順番でも効果はあるのではないでしょうか」

お金で泣く人は……親と相続の話は気まずいのでしない

お金で笑う人は……親と相続の話をする

50歳からでも不安が解消するお金の法則とは

今回、運用について聞きたいと訪ねてこられた並田夫妻でしたが、気づけば今の50代が直面しているさまざまなお金の問題を話し合っていました。

「どのお話でも『損得は自分できちんと計算する』『他人を頼って高い手数料を払うよりも自分たちでできる事をする』が2大原則になっていたように思いました」

「私が考えるお金の対策は、非常にシンプルです。その方がお金の心配に時間を取られずにすむし、長い人生をもっと楽しく過ごせますから」

最低限、押さえておきたいポイントは次の通りです。

●家計を把握したうえで、将来の備えに必要な金額を貯蓄や運用に回す（「人生設計の基本公式」で【必要貯蓄率】を計算する

●流動性のある（＝現金化しやすい）金融資産を多めに保有する

●許容できる範囲でリスクを取った運用を行う
●手数料が高い商品・サービスは選ばない
●広過ぎたり多過ぎたり、身の丈を越えていると感じるものは見直して縮小する
●お金の情報は家族の複数のメンバーで共有する

「お話をうかがう前は、いろいろな情報が錯綜していて頭の中がごちゃごちゃしていたのが、ずいぶんスッキリしました。やるべきことが分かれば、老後もそれほど不安ではなくなりますね！」

「それはよかった。今後はもう金融機関の甘い言葉や根拠のない悲観的な噂話に振り回されないでください。自分たちにできる事を今の年齢から着実に行っていけば、老後破綻に見舞われる事などありませんから」

並田夫妻と話しながら、私自身も50歳から打てる手の多さに改めて驚きました。幸せな老後の準備時間が、皆さんにはまだ十分に残されています。ぜひその時間をムダにせず、豊かな老後を手に入れましょう。

「人生設計の基本公式」で最適な貯蓄額を計算しよう

老後に向けての資産づくりを考える時、「不安にかられて高めの貯蓄額を設定する」のは危険。のちのち無理がたたって生活に影響が出たり、無茶な投資に手を出したりしがちだからです。

ここで紹介する「人生設計の基本公式」は、収入やライフプランを考慮したうえで、その人に特化した【必要貯蓄率】を導き出すための計算式です。ここで算出した金額をリタイアするまで貯めつづけると、老後資金の目処が立ちます。条件を変えながらシミュレーションを繰り返し、無理なく実践できる計画を立てましょう。

まずは6つの数字情報を用意しよう

A	**現役年数**	リタイアまでに働こうと考える年数
B	**老後年数**	リタイア後、亡くなるまでの推定年数
C	**老後生活費率**	現役時代の支出の何倍でリタイア後に生活するか
D	**手取り年収**	リタイアまでに想定される平均手取り年収
E	**年金額**	毎年受け取れる年金の見込額
F	**現在資産額**	普通預金、定期預金、投資信託などの金融資産の合計 （不動産は含まない）

やってみよう!
人生設計の基本公式

不動産などは入れない。「いざという時、お金として動かせるものかどうか」が目安

平均値は0.7

老後生活費率（C） × 手取り年収（D） − 年金額（E） − 現在資産額（F） / 老後年数（B）

―――――――――――――――――

（ 現役年数（A） / 老後年数（B） ＋ 老後生活費率（C） ） × 手取り年収（D）

上の解を下の解で割ります。

＝ 必要貯蓄率

収入からこの割合で貯蓄していけばOK!

並田さんの場合

金融資産1200万円に退職金1800万円をプラス

老後生活費率(C) 0.7 × 手取り年収(D) 6,000,000 − 年金額(E) 1,800,000 − 現在資産額(F) 30,000,000 / 老後年数(B) 30

平均値を想定

今後15年の増減を加味した平均

「ねんきん定期便」をチェック

(現役年数(A) 15 / 老後年数(B) 30 + 老後生活費率(C) 0.7) × 手取り年収(D) 6,000,000

65歳まで働く場合

95歳まで生きると考えた場合

$$\frac{0.7 \times 6{,}000{,}000 - 1{,}800{,}000 - \dfrac{30{,}000{,}000}{30}}{\left(\dfrac{15}{30} + 0.7\right) \times 6{,}000{,}000} = 0.194$$

必要貯蓄率 = 0.194

収入の約19%を貯蓄に回せば老後も安心!

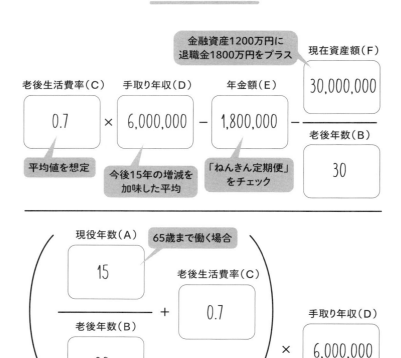

Excelなど表計算ソフトを使えば、再計算もカンタン！

	A	B	C
1	現役年数（A）	15	年
2	老後年数（B）	30	年
3	老後生活費率（C）	0.7	
4	手取り年収（D）	6,000,000	円
5	年金額（E）	1,800,000	円
6	現在資産額（F）	30,000,000	円
7	必要貯蓄率	0.194	
8	月額貯蓄目標額	97,222	円

B7=(B3*B4－B5－(B6/B2))/((B1/B2+B3)*B4)

B8=B4*B7/12

＝B1～6の6項目の数値を変えると
「必要貯蓄率（B7）」や
「月額貯蓄目標額（B8）」も変化します。

おわりに

老後といっても過度に心配することはない。

それが、この本で私が皆さんに伝えたかったことです。

年金はゼロにはならず、今から組み立てられる貯蓄計画があります。

ムダを省けばまだ余裕を作る事ができます。


それを実現するためには「見直しのポイント」が存在します。

フィクションである「並田夫妻」の力を借りて、保険、教育費、運用、住宅など項目ごとに要点を整理してみました。

全部を実行するのは難しいかもしれませんが、今日からすぐできることがたくさん含まれています。すべては最初の一歩から始まります。ぜひ、本書を読んだだけで満足されず、小さな事からでいいので実行に移されてください。


私は、人生の中でお金について考える時間は短いほうがよいと思っています。

金額の上下によって一喜一憂したり悩んだりするよりも、自分が好きな仕事や趣味、人々に囲まれて楽しい事を常に思い浮かべていたい。
そして、そのための「シンプルで間違えにくい」方法を考えてみました。この本で紹介したのがそのメソッドです。

冒頭でお伝えしたように、私たちの人生はほんの数十年前に比べてずっと長くなってきています。１００歳も全く珍しくはない時代になりました。せっかくなのだからお金の事は早く決着をつけて、よく生きる事に集中しましょう。

この本はマガジンハウスの栗原淳さん、島田修さん、向笠公威さん、ブックライターの丘村奈央子さん、そして長年マイベンチマーク秘書を務めてくれた竹中歩さんの協力でできました。
同世代の皆さんへの大きなエールとなるなら幸いです。

著者略歴

山崎 元

（やまざき・はじめ）

経済評論家、楽天証券経済研究所客員研究員。株式会社マイベンチマーク代表取締役。1958 年、北海道生まれ。東京大学経済学部卒業、三菱商事入社。その後、野村投信、住友生命、住友信託、メリルリンチ証券、UFJ 総合研究所など 12 回の転職を経て現職。雑誌の連載やテレビ出演多数。『難しいことはわかりませんが、お金の増やし方を教えてください』（文響社）など著書も多数。

編集協力	丘村奈央子
カバー＆本文デザイン	井上新八
イラスト	加納徳博
DTP	アルファヴィルデザイン

定年後、
お金で泣く人笑う人

2018 年 9 月 20 日　第 1 刷発行

著 者　山崎 元

発行人　石﨑 孟
発行所　株式会社マガジンハウス
〒104-8003　東京都中央区銀座 3-13-10
書籍編集部　☎ 03-3545-7030
受注センター　☎ 049-275-1811
印刷･製本　株式会社リーブルテック

ISBN978-4-8387-2922-7 C0095